Mit Kindern durchs Gartenjahr

Kerstin Landwehr

Findling Buchverlag Lüneburg

1 Start ins Gartenjahr

2 Alles grünt und blüht

Ob Frühling, Sommer, Herbst oder Winter – zu jeder Jahreszeit gibt es im Garten etwas zu entdecken.

3 Herbsttage und Winterpause

Im Garten kann man hautnah ein kleines Stück Natur erleben.

Start ins Gartenjahr

1

Jetzt kannst du beobachten, wie der Garten langsam aus seinem Winterschlaf erwacht! Wenn der Schnee langsam schmilzt und die Natur wieder lebendig wird, gibt es im Garten viel zu sehen und zu erleben.

Januar und Februar – die Natur im Winterschlaf

Der Winter haucht die Welt mit seinem eisigen Atem an und schickt uns den Schnee. Wie ein riesiges mit Mehl bestäubtes Brot liegt der Garten weiß und geheimnisvoll im Winterschlaf.

Tierspuren suchen

Ganz interessant zu beobachten sind jetzt die vielen unterschiedlichen Tierspuren, die sich im Schnee entdecken lassen. Vögel, Hasen und Eichhörnchen hinterlassen ihre ganz eigenen Fußabdrücke. Mit einem Blatt Papier und einem Stift ausgerüstet können die Spuren abgezeichnet und verglichen werden – eine Arbeit für kleine Detektive.

Die Natur erwacht

Die Zweige an den Bäumen und Sträuchern sehen noch richtig kahl aus, aber wenn man ganz genau hinschaut, dann kann man schon die ersten zarten Knospen entdecken. In den Knospen warten die ganz jungen Blätter darauf, im Frühling hervorzulugen und sich in der Sonne zu räkeln. Sogar die ersten Blumen, zum Beispiel der Krokus, lassen sich schon blicken und geben eine kleine Gastvorstellung, bis der Frühling endlich kommt.

Frühling liegt in der Luft

Die Tage werden wieder deutlich länger, und auch wenn es draußen noch so richtig kalt ist, meint man manchmal schon, den Frühling in der Luft riechen zu können.
Wenn der Schnee dann schmilzt und das Tauwasser alles in eine matschige Schlammwüste verwandelt, kann es nicht mehr allzu lange dauern.
Oft ist der Februar der kälteste Monat im ganzen Jahr und Temperaturen bis zu minus 20 Grad Celsius sind keine Seltenheit. Allerdings haben zu dieser Jahreszeit auch schon mehr als 50 Grad Unterschied zwischen der höchsten und tiefsten je gemessenen Temperatur gelegen. So hat der Deutsche Wetterdienst am 10. Januar 1991 sommerliche plus 19,1 Grad Celsius in Stuttgart gemessen. Auf der Zugspitze maß man am 2. Januar 2005 dagegen minus 34,6 Grad Celsius.

Schon jetzt zeigen sich die ersten Knospen an den Zweigen.

Erste Frühlingsboten im Garten

Der Winter hat den Garten fest in der Hand und vom Frühling gibt es noch keine Spur. Oder doch? Langsam hätte man es gerne wieder grün und bunt im Garten, die dunkle Jahreszeit hat lange genug gedauert. Aber nichts ist zu sehen! Halt, da ist doch etwas! Wer steckt denn da neugierig seinen Kopf aus der Erde und blickt noch etwas verschlafen in die triste und farblose Welt? Ein vorwitziger und kecker Krokus leuchtet mit seinem bunten Kleid und vertreibt das öde Grau und Braun. Bereits ab Ende Januar gucken die ersten Pflanzen aus der Erde. Die Gartensaison beginnt.

Blüten im Winter: der Krokus

Die ersten Frühlingsboten sind die Krokusse mit ihren wunderschönen bunten Blüten. Krokusse sind sehr klein und werden nur etwa acht Zentimeter hoch. Sie wachsen aufrecht und blühen von Januar bis März. Es gibt sie in zahlreichen unterschiedlichen Sorten. Man bekommt sie in Gelb, Weiß, Rosa und sogar mehrfarbig. Die Blüten sind becherförmig. Krokusse vermehren sich ganz von alleine. Einige Arten bilden Samen, über die sie sich verbreiten. Ein besonderer Vermehrungsexperte ist der hellviolette Krokus, der auch Elfenkrokus genannt wird. Er blüht ab Ende Januar und bildet oft große Krokuskolonien. Er ist hervorragend für naturnahe Gärten geeignet und ist auch fast die einzige Krokusart, die noch in freier Natur vorkommt.

Schneeglöckchen (links) und Krokusse (unten) kämpfen sich mutig durch den Schnee und geben schon einen Vorgeschmack auf den Frühling.

Eine kleine Wunderwelt: der Komposthaufen

Die Vorfreude auf die helle Jahreszeit wächst mit jedem Atemzug. Und das Leben erwacht so langsam aus der Winterstarre, auch auf dem Kompost ist der Schnee und das Eis auf dem Rückzug. Der Komposthaufen ist die ideale Methode, Garten- und Küchenabfälle zu sammeln, um daraus neue und gute Gartenerde zu bekommen.

Was auf den Komposthaufen kommt

Kompostieren heißt mischen, und kunterbunt gemischt wird auf so einem Kompost ja nun wirklich. Von verwelkten Blättern, Gras, Zweigen, Kartoffelschalen, eingegangenen Topfpflanzen, alter Blumenerde und Eierschalen bis zu Kaffeefiltern, Kaminasche und gelesenen Zeitungen kann fast alles auf diesen sagenhaften Mischmaschhaufen.

Aus Kompost wird Erde

Was dann dort passiert ist beinahe wie Zauberei. Tausende kleine Komposttierchen wie die Tausendfüßler, Springschwänze oder Asseln zernagen die Abfälle, fressen sie auf und scheiden sie anschließend als Mist wieder aus. Aber es gibt auch noch andere Komposthaufenbewohner: Bakterien und Pilze. Sie sorgen für die Heizung im Komposthaufen. So muss niemand kalte Füße bekommen und alle fühlen sich wohl.
Nach einigen Monaten ist alles fertig. Aus dem ehemaligen Abfall ist dunkle, lockere und vor allem sehr nährstoffreiche Erde geworden. Die Komposterde kann im Frühjahr gleichmäßig in den Gartenbeeten verteilt werden, und Blumen und Gemüsesorten wachsen dann um die Wette.

Kompost braucht Zeit

Jetzt, im Winter, muss der Komposthaufen aber noch ruhen, denn die Abfallumwandlungsmaschinerie läuft gerade auf Hochtouren. Manchmal dampft es sogar richtig aus dem Komposthaufen, dann kann man sehen, wie angestrengt dort drin gearbeitet und produziert wird.
So ein Komposthaufen braucht etwa ein Jahr, bis diese Umwandlung einmal vollzogen ist. Eine dunkle Stelle am Rande des Gartens ist dafür gut geeignet.

Es dauert ungefähr ein Jahr, bis aus dem Mischmasch von Küchen- und Gartenabfällen auf dem Komposthaufen schließlich gute, nährstoffreiche Gartenerde geworden ist.

Wintergäste im Haus

Während der Komposthaufen arbeitet und die Erde fürs Frühjahr produziert, schauen die ersten Krokusse dabei zu. Aber ansonsten ist noch nicht so viel im Garten zu tun.
Umso mehr spielt sich im Haus ab. Zahlreiche Überwinterungsgäste sind in der Wohnung und auf der Fensterbank verteilt und brauchen viel Pflege, um zu gedeihen.

Ein warmes Winterplätzchen

Engelstrompeten und Orangenbäume haben den Sommer im Garten verbracht und müssen im Winter in die Wohnung geholt werden, sonst würden sie erfrieren. Sobald mit dem ersten Nachtfrost zu rechnen ist, schlagen sie ihre Zelte lieber in wärmerer Umgebung auf. Auch die Fuchsien und Kamelien gehören zu den nicht winterharten Gewächsen und müssen nach drinnen umziehen.

Was brauchen die Überwinterungsgäste?

Ganz wichtig ist es, dass die Erde nicht zu nass gehalten wird. Auch zu warm darf es nicht sein.

TIPP

Eine sehr verantwortungsvolle detektivische Leistung ist es, beim kleinsten Schädling sofort Alarm zu schlagen. Einzige Arbeitsmittel: eine Lupe und zwei wache Augen.

Für Zitronenbäumchen und andere Pflanzen aus wärmeren Regionen ist es im Winter im Garten zu kalt. Auf der Fensterbank im Haus fühlen sie sich dann wohler.

Die Pflanzen können durch die Heizungsluft im Winter vertrocknen. Dagegen hilft es, einige Wasserschälchen auf den Heizkörpern zu verteilen und die Pflanzen mit einem Wassersprüher täglich anzusprühen. So kommen die Blätter zu der benötigten Feuchtigkeit.
Das Düngen wird im Herbst eingestellt. Die Pflanzen halten auch Winterruhe und sollen ja nicht auf unnatürliche Art wachsen.

Achtung: Schädlinge!

Wichtig ist jetzt, dass man seine Pflanzen ganz genau unter die Lupe nimmt. Schädlinge machen sich gerne im Winter breit und tarnen sich an Blattachseln oder auf den Blattunterseiten. Oft sind sie mit bloßem Auge nicht zu erkennen. Bei Befall muss dann sofort gehandelt werden, damit die Schädlinge sich nicht ausbreiten. Mittel gegen die unterschiedlichen Schädlinge wie die Spinnmilben gibt es in der Gärtnerei.

Tiere im Winter

Fast alle Tiere im Garten schlafen noch fest. Viele heimische Vögel sind über den Winter hier geblieben, genauso wie das verschlafene Eichhörnchen, das jetzt auf der Suche nach seinen versteckten Nüssen und Eicheln ist. Die kleinen Meisen sausen und flattern umher und suchen nach Körnchen und anderem Futter, die Krähen fliegen krächzend über die vereisten Felder und beschweren sich lautstark. Der Winter will noch nicht weichen.

Der Maulwurf gräbt auch im Winter

Der Maulwurf ist das ganze Jahr aktiv, auch wenn wir ihn unter der Erde nicht sehen. Selbst in der kalten Jahreszeit, wenn der Boden an der Oberfläche gefroren ist, hält er keinen Winterschlaf, sondern folgt seiner Nahrung, den Regenwürmern, tiefer in den Boden hinein. Der Maulwurf wird etwa 15 Zentimeter groß. Er sieht wie eine kleine Dampfwalze mit großen Schaufeln aus. Sein Schwanz ist kurz und die Schnauze spitz. Seine Hinterbeine sind klein und so ähnlich wie die von einer Maus. Aber seine Vorderbeine sind große und flache Schaufeln mit kräftigen Krallen daran.

Wegen der vielen Erdhaufen, die er auf dem Rasen hinterlässt, ist der fleißige Maulwurf oft kein gern gesehener Gast im Garten.

Der Maulwurf hat ein sehr feines und dichtes schwarzes Fell. Dieses spezielle Fell hat keinen Haarstrich, sondern ist in alle Richtungen frei beweglich. Das muss auch so sein, denn der Maulwurf kriecht auch rückwärts durch seine Gänge oder dreht sich sogar darin um.

Wie lebt der Maulwurf?

Der Maulwurf frisst Schnecken und vor allem große Mengen an Regenwürmern. Er lebt nur unter der Erde im Dunkeln. Dort haust er in selbst gegrabenen Gängen. Ein einziger Maulwurf kann ein über 150 Meter langes Gewirr aus Gängen graben. Das reinste Labyrinth! Zur Belüftung seines Gangsystems gräbt er in regelmäßigen Abständen kleine Gänge, die an die Erdoberfläche führen: die bekannten und gefürchteten Maulwurfshügel.

Info

Der Maulwurf steht streng unter Naturschutz. Er darf also nicht gefangen oder getötet werden. Viele Gartenbesitzer ärgern sich zwar über die hügeligen Hinterlassenschaften, aber dafür frisst der Maulwurf Schnecken, die sonst die Blumen annagen oder den Kohl auffressen.

1

Dschungel im Teller

Jetzt, wo draußen noch nicht viel wächst, kann ein kleiner Garten aus Gemüseabfällen für viel Spaß und grüne Blätter sorgen! Der Gemüseblumengarten ist sehr pflegeleicht, denn man muss kein Unkraut zupfen und umgraben muss man auch nicht. Das gibt es ja gar nicht! Was soll das denn für ein Garten sein?

Das wird benötigt:
✿ tiefer Teller ✿ Küchenmesser ✿ Küchenpapier ✿ Wasser ✿ Möhrenköpfe ✿ Kohlrabiköpfe ✿ Radieschenköpfe

1. Mit dem Messer von den Möhren, den Radieschen oder den Kohlrabis die Köpfe abschneiden. Einige Blätter von der Küchenrolle anfeuchten. Aber bitte nur feucht, nicht ganz nass machen! Die angefeuchteten Küchentücher dann auf den tiefen Teller legen.

2. Nun die abgeschnittenen Gemüseköpfe auf das feuchte Papier stellen. Jetzt braucht man ein wenig Geduld und beobachtet den Garten. Das Einzige, was der Minigarten jeden Tag braucht, ist ein wenig Wasser. Aber bitte nur so viel, dass die Papiertücher immer schön feucht sind. Nach einigen Tagen wachsen dann erste kleine Blätter aus den Gemüseköpfen.

3. In den Gemüseköpfen sind noch viele Nährstoffe enthalten. Wenn nun Wasser hinzukommt, haben sie noch so viel Energie, dass Blätter aus ihnen herauswachsen. Nach ungefähr zwei Wochen sind diese Nährstoffe allerdings verbraucht und die Gemüseblumen welken. Zeit für neue Gemüseblumen!

Während draußen noch Schnee liegt, kannst du dich drinnen an deinem kleinen Tellergarten erfreuen!

Gesundheit aus der Natur

In der Natur gibt es Pflanzen, die als Heilpflanzen bezeichnet werden. Diese Pflanzen können bei den unterschiedlichsten Krankheiten helfen und heilen. Es ist aber ganz wichtig, dass du auch die richtige Pflanze benutzt und nicht etwa einen giftigen Doppelgänger.

Kamille

Die Kamille ist bestimmt die bekannteste und meist genutzte Heilpflanze. Durch den Kamillentee kennst du ihren Geruch und ihren Geschmack. Die echte Kamille beginnt Mitte Mai bis Juni zu blühen. Die Kamille ist dann echt, wenn das Blütenköpfchen beim Zerteilen hohl ist. Wenn du Kamille sammelst, dann nur die Kamillenköpfe. Du kannst sie trocknen, die Blütenblätter abzupfen und in einem dicht schließenden Glas aufbewahren. So hält sie bis zu einem Jahr. Die getrockneten Köpfe kannst du mit heißem Wasser übergießen und so Tee zubereiten (fünf bis zehn Minuten ziehen lassen) oder ein Kamillendampfbad nehmen, wenn du im Winter erkältet bist und deine Nase verstopft ist. Wenn du auch noch schlimme Halsschmerzen hast, kannst du mit dem abgekühlten Tee gurgeln.

Ein Aufguss aus Kamille (links) oder Salbei (oben) kann Halsschmerzen lindern.

Thymian (links) hilft gegen Husten, Löwenzahn (rechts) gegen Appetitlosigkeit.

Thymian

Thymian ist eigentlich ein Gewürz, kann aber noch viel mehr! Er hilft hervorragend gegen Husten und Bronchitis. Die ätherischen Öle im Thymian wirken entzündungshemmend und helfen beim Abhusten von Schleim. Du kannst mehrmals am Tag eine Tasse Thymiantee trinken. Dazu musst du zwei Teelöffel getrockneten Thymian mit heißem Wasser übergießen, fünf bis zehn Minuten ziehen lassen und dann den Husten einfach wegtrinken! Toll bei einer starken Erkältung ist auch ein Thymianbad. Dafür musst du ungefähr 100 Gramm Thymian mit einem Liter heißem Wasser übergießen, ziehen lassen und dann durch ein Sieb ins Badewasser kippen.

Pfefferminze

Die Pfefferminze kennst du bestimmt als Tee. Sie enthält ätherische Öle wie Menthol. Die Blätter der Pfefferminze werden gegen Magenschmerzen, Übelkeit oder Brechreiz benutzt. Ihre Inhaltsstoffe wirken krampflösend und können Magenprobleme schnell verscheuchen. Für einen Tee musst du einen Esslöffel getrocknete Pfefferminzblätter mit heißem Wasser übergießen und dann zehn Minuten ziehen lassen. Du kannst mehrmals am Tag eine Tasse davon trinken.

Löwenzahn

Der Löwenzahn wird auch Pusteblume oder Kuhblume genannt. Bestimmt hast du schon einmal fest gepustet und zugesehen, wie die weißen »Minihubschrauber« umherfliegen. Man kann aus Löwenzahnblättern aber auch Salat machen oder bei Appetitlosigkeit einen Tee daraus zubereiten. Dazu musst du einfach zwei Teelöffel Löwenzahn mit heißem Wasser übergießen und 15 Minuten ziehen lassen. Wenn du sehr schlank bist und nie viel Hunger hast, dann kannst du den Tee einige Wochen lang morgens und abends trinken.

Salbei

Bei Halsschmerzen oder Zahnfleischbluten kommt der Salbei zum Einsatz. Er wird auch als Gewürz verwendet und kommt aus den warmen Mittelmeerländern. Vom Salbei werden nur die Blätter verwendet. Sie enthalten auch ätherische Öle und haben eine desinfizierende Wirkung. Für einen Aufguss zum Gurgeln oder Spülen musst du vier oder fünf Blätter Salbei zerkleinern und mit heißem Wasser übergießen. Du lässt alles 15 Minuten ziehen und kannst dann mehrmals am Tag gurgeln oder eine Mundspülung machen.

Aus den Blättern der Pfefferminze kannst du Tee kochen, der nicht nur gut für den Magen, sondern auch noch lecker ist.

März und April – Winter ade

Die dunkle Jahreszeit muss jetzt endlich weichen und die Natur bereitet sich auf die wärmeren Tage vor. Fahrräder, Inlineskates und Skateboards, die ihr Dasein so lange Zeit ungenutzt gefristet haben, werden aus den Kellern gekramt und erblicken endlich wieder das Tageslicht.

Es blüht wieder!

Die Mandelbäume und Kirschen blühen und an den Ästen und Zweigen der Bäume wagen sich die ersten grünen Blättchen aus den Knospen. Tulpen, Narzissen und Osterglocken vertreiben den grauen Rest des Winters und leuchten mit der Sonne um die Wette.

Frühlingsgeräusche

Die Vögel jubilieren und heißen den Frühling mit viel Gezwitscher willkommen. Die streitlustigen Krähen jagen sich gegenseitig und werden nur vom Rasenmäher des Nachbarn übertönt. Endlich duftet es wieder nach frischem Grasschnitt.

Die Zeit wird umgestellt

Die Tage sind jetzt schon wieder richtig lang, und nach der Zeitumstellung bleibt es abends eine Stunde länger hell. Die Sommerzeit beginnt. Zwischen dem 19. und 21. März (Verschiebung wegen der Schaltjahre) kehrt die Sonne endgültig zurück. Die nördliche Hälfte der Erde ist nun der Sonne zugewandt. Am Tag der Frühjahrstagundnachtgleiche sind die Tage und Nächte überall auf der Erde gleich lang. Auf der nördlichen Halbkugel werden ab diesem Zeitpunkt die Tage immer länger.

Die Sonne wärmt die Natur

Die Natur erwacht mit der längeren Helligkeit und der zunehmenden Sonne aus ihrem Winterschlaf und beinahe explosionsartig beginnt es zu blühen. Im März kann es schon so warm werden, dass man am liebsten im T-Shirt nach draußen möchte. Nachts kann es allerdings noch bitterkalt sein, und nicht selten bekommen die Knospen und die kleinen Blätter Frostschäden.

Endlich kann man im Garten Blumen pflanzen! Um diese Jahreszeit nimmt man dafür am besten Narzissen.

Die Arbeit im Garten beginnt

Die Natur erwacht, und mit den ersten warmen Tagen regt sich sofort die Vorfreude auf den eigenen Garten. Die große Pflanzzeit steht vor der Tür. Im Frühling gibt es draußen so viel zu tun, dass man gar nicht so recht weiß, wo man denn nun anfangen soll.

Frühjahrsputz im Garten

Die Bäume müssen geschnitten werden, der Gemüsegarten braucht neue Pflanzen und die Kübelpflanzen werden vorsichtig aus dem Winterschlaf geweckt. Und wie sieht es im Garten nur aus! Eine Generalüberholung ist hier dringend nötig. Die schönen Tulpen und Narzissen kommen in dem ganzen Chaos gar nicht so richtig zur Wirkung.

Kraft aus der Zwiebel: die Narzisse

Narzissen, im Volksmund auch Osterblumen oder Osterglocken genannt, gehören zu den Zwiebelgewächsen und sind mit die bekanntesten und beliebtesten Frühlingsblüher. Es gibt sie in vielen verschiedenen Sorten, denen allen eines gemeinsam ist: Sie sind wunderschön und absolut pflegeleicht. Anspruchslos verbringen sie viele Jahre am selben Platz im Boden und müssen nicht umgesetzt werden. Einmal in den Boden gesteckt blühen sie jedes Jahr aufs Neue. Mit gelben oder beinahe orangefarbenen Blüten verschönern sie den Garten von März bis Mai. Narzissen werden je nach Sorte zwischen 10 und 40 Zentimeter hoch und gehören zu den aufrecht wachsenden Blumen. Sie lieben es, sich in der Sonne zu wiegen. Trockenheit mögen Narzissen ebenso wenig wie Staunässe.

Die meisten Frühlingsblumen wachsen aus Zwiebeln, zum Beispiel Tulpen, Krokusse, Hyazinthen und Narzissen.

Gartengeräte, die wichtigsten Helfer bei der Arbeit

Also ran an die Arbeit und den wunderschönen Frühlingsblühern den richtigen Rahmen schaffen. Zuerst werden die Gartengeräte hervorgeholt. Was braucht man denn nun alles, um so richtig Ordnung im Garten zu schaffen? Rechen, Gartenschere, Harke, Spaten, Pflanzer, Besen und Gartenhandschuhe sind die Grundausrüstung, um den Garten wieder in einen Augenschmaus zu verwandeln. Fast alle Geräte gibt es auch in Kindergrößen zu kaufen. Bevor jedoch der Arbeitseifer so richtig ausgenutzt werden kann und man sich draußen austobt, sollte man seine Geräte genau anschauen.

Gartengeräte herrichten

Während der langen Wintermonate haben die Gartengeräte unbenutzt im Schuppen oder im Keller gestanden. Vielleicht war es sogar noch ein wenig feucht und die guten Geräte haben Flugrost angesetzt. Natürlich sind sie dadurch nicht unbrauchbar geworden, aber dennoch wesentlich schwergängiger in der Handhabung. Wer schon einmal mit einem angerosteten Spaten gegraben hat, weiß sofort: Das macht keinen Spaß! Der vorhandene Rost wird gründlich mit Sandpapier abgeschmirgelt, und anschließend sollte man die Geräte leicht einölen.
Jetzt ist auch endlich die Gelegenheit, alle Schrauben nachzuziehen und vielleicht auch den einen oder anderen vergammelten Holzstiel auszutauschen. Die besten Spatenstiele werden übrigens aus Eschenholz hergestellt. Es ist leicht, nicht spröde und federt daher sehr gut alle Stöße ab.
Gartengeräte mit Schnittkanten wie Schere oder Messer, die im Winterlager mit von Milben oder Pilzsporen befallenen Pflanzen in Berührung gekommen sind, sollten kurz mit Alkohol desinfiziert werden. Man könnte sonst die Milben oder Sporen auf gesunde Pflanzen übertragen.

Rasen und Beete pflegen

So, und nun ans Werk! Altes Laub, vermoderte Zweige und die anderen Winterüberbleibsel werden von den Beeten und dem Rasen entfernt und auf den Kompost geworfen. Damit der Rasen den ganzen Frühling und Sommer über schön bleibt, kann man ihn jetzt kalken. So beugt man frühzeitig dem Unkraut und Moos vor. Der Kalk wird einfach über die Rasenfläche verstreut. Sobald er am Boden angelangt ist, neutralisiert er dort den pH-Wert. Dadurch wird das Gekribbel und Gekrabbel der Regenwürmer im Boden angeregt. Die Regenwürmer verbessern die Bodenstruktur, denn sie nehmen den Kalk auf und scheiden ihn im Boden schön gleichmäßig verteilt wieder aus. Auch die Beete können jetzt gekalkt werden.

Gartengeräte sind sehr nützliche Helfer bei der Gartenarbeit. Viele dieser Geräte kann man in Gartenmärkten auch in Kindergrößen kaufen.

Nistkästen säubern und erneuern

Halt, was baumelt denn da? Ein Blick in den Baum und der alte Nistkasten ist enttarnt. Leicht schief und voll gestopft mit den Überbleibseln der letzten Brutzeit guckt er sehr vorwurfsvoll in die erwachende Welt. Spatzen, Stare und Meisen piepen das ganze Jahr um die Wette, vertilgen im Sommer die ungeliebten Schädlinge (zum Beispiel Blattläuse) und stürzen sich im Winter begeistert auf die selbst gemachten Meisenknödel. Im Frühling, während der Brutzeit, kann man ihnen mit Nistkästen helfen.

Bereit für den Einzug

Den vorhandenen Nistkasten sollte man unbedingt säubern. Neue Nistkästen kann man im Baumarkt kaufen oder sogar selbst bauen. Der Durchmesser des Lochs sollte dabei mal größer, mal kleiner sein. Sie müssen gut im Baum befestigt werden, sodass sie keinesfalls herunterfallen können! Wichtig ist, sie vor der Brutzeit anzubringen. Die Nistkästen sollten möglichst nach Süden oder Südosten zeigen. Dadurch sind sie der Witterung nicht zu sehr ausgesetzt.

Die alten Nistkästen brauchen jetzt einen Frühjahrsputz.

In den Beeten sein eigenes Gemüse zu säen macht Spaß!

Beete für kleine Gärtner – erste Aussaat

Rasen, Beete und die Piepmätze sind versorgt, jetzt soll gepflanzt werden. Denn schließlich möchten auch kleine Gärtner frisches Gemüse aus eigenem Anbau auf dem Tisch haben.
Für ein kleines Kinderbeet eignen sich als erste Aussaat Kohlrabisamen sehr gut. Das leckere Gemüse kann roh und gekocht gegessen werden. Am besten werden die Kohlrabis im August geerntet, wenn sie die Größe von Äpfeln haben. Auch die Radieschensamen können schon in die Erde gebracht werden, sobald es Frühling wird und die Erde ungefähr zehn Grad warm ist. Radieschen haben den großen Vorteil, dass bereits nach wenigen Tagen die ersten Blätter zum Vorschein kommen. Dann dauert es nur noch etwa vier Wochen, bis aus der Saat rote und leckere Radieschen entstanden sind. Falls es mal nicht regnet, müssen sie gegossen werden, sonst sind sie später sehr scharf und schmecken nicht besonders gut.

Lustiges Frühlingstreiben in der Tierwelt

Der Winter ist vorüber und die Tiere lassen sich wieder blicken. Gerade aus dem Winterschlaf erwacht stromern sie jetzt auf der Suche nach frischer Nahrung durch den Garten. Ein ausgehungerter Igel muss nun ordentlich futtern, um sein verlorenes Gewicht wieder zuzulegen. Die Vögel flattern hektisch und fleißig umher, für sie beginnt jetzt die anstrengende Brutzeit. Das Nest wird hergerichtet, und dann muss ja auch noch der passende Vogelmann gefunden werden.

Die freche Blaumeise

Mit nur knapp zwölf Zentimeter Körperlänge sind die Blaumeisen noch kleiner als die frechen Spatzen. Sie wiegen auch nur etwa zwölf Gramm.

Blaumeisen fressen kleine Insekten, die sie von Blättern und Zweigen abknabbern. Im Herbst und Winter stellen sie ihre Ernährung um und futtern die Samen und Nüsse, die sie finden können. Wenn du dann ein Futterhaus oder einen Meisenknödel im Garten hast, wirst du sie dort häufig sehen.

Die Blaumeise ist in vielen Gärten zu Hause. Dort kann man den lebhaften kleinen Vogel das ganze Jahr über gut beobachten.

Vom Ei zur kleinen Meise

Meistens brüten Blaumeisen nur einmal im Jahr. Dann aber richtig. Sie legen acht bis zwölf Eier und haben so genügend Nachkommen. Die Männchen beginnen schon sehr früh im Jahr zu singen. Die Weibchen räumen das Nest auf. Altes Nistmaterial wird aus den Bruthöhlen oder Nistkästen hinausgeworfen, um so Platz für frisches Moos und Tierhaare zu schaffen.

Von April bis Juni wird gebrütet. Die Eier werden innerhalb von zwei Wochen ausgebrütet, und dann bleiben die jungen Vögel noch drei Wochen im Nest, bevor sie die ersten Flugstunden bekommen.

Info

Als fröhlicher Gartenvogel hat sich die Blaumeise an den Menschen gewöhnt und kann sogar oft aus der Hand gefüttert werden. Im Frühjahr brüten die Blaumeisen gerne in den aufgehängten Nistkästen. Im Winter sind sie Dauergäste im Futterhäuschen und an der Futterglocke.

Tontopfhenne im Kressenest

Bald ist Ostern, und dazu braucht man die richtige Dekoration! Am schönsten ist es, wenn man sie selbst bastelt. Hier sind zwei Ideen dafür!

Für die Tontopfhenne wird benötigt:
✿ kleiner Tontopf ✿ weiße Acrylfarbe ✿ passende Wattekugel ✿ schwarzer Filzstift ✿ roter Pfeifenputzer oder roter Filz ✿ rote und gelbe Filzreste ✿ Kunstfedern ✿ Kleber

1. Den Tontopf mit der Acrylfarbe weiß grundieren und je nach Ergebnis später noch mal überpinseln. Wenn der Topf getrocknet ist, wird die Wattekugel als Kopf mit Kleber auf dem Topfboden befestigt.
2. Ein kurzes Stück Pfeifenputzer am Kopf als Kamm festkleben, aus dem roten Filz die Füße und die beiden roten Schnabellappen ausschneiden und festkleben. Aus dem gelben Filz den Schnabel ausschneiden und ebenfalls ankleben. Den Schnabel schneidet man am besten in Form einer kleinen Raute aus und knickt ihn in der Mitte.
3. Die Augen jetzt mit Filzstift aufmalen und zum Schluss dann die Henne mit den fremden Federn schmücken.

Der ideale Platz für eine solche Tontopfhenne und einige bunt bemalte Ostereier ist ein richtiges Osternest. Mithilfe von Kressesamen und einer flachen Schale kann die Henne sogar im Haus auf einer grünen Osterwiese sitzen.

Für das Kressenest wird benötigt:
✿ 1 flache Schale aus Porzellan oder Glas
✿ etwas Watte ✿ ein bis zwei Tüten Kressesamen

Die Tontopfhenne guckt verschmitzt aus ihrem Kressenest – jetzt kann Ostern kommen!

1. Zu Beginn die Schale sorgfältig mit Watte auslegen und dann die Watte gut mit Wasser anfeuchten.
2. Dann die Samen aus der Tüte gleichmäßig und dicht auf der Watte verteilen. Anschließend die Schale an einen warmen Platz stellen, etwa auf eine Fensterbank, immer schön feucht halten und warten, bis nach einigen Tagen die kleinen Kressepflänzchen aufgehen.
3. Nach einer Woche ist dann das Kressenest fertig und es kann mit Topfhenne und Ostereiern bestückt werden. Die Kresse kann auch geerntet werden und gibt den Ostereiern beim Frühstück eine besonders leckere Note.

Mein Minigewächshaus

Mit den richtigen Mitteln kannst du zu Hause sehr leicht Pflanzen heranziehen, wenn es draußen eigentlich noch viel zu kalt für sie ist. Diese vorgezogenen Pflanzen blühen dann viel früher und du hast der Natur einen kleinen Vorsprung abgeluchst. Mit einem Zimmergewächshaus kannst du schon im Winter mit der Pflanzenaufzucht beginnen.

Vorbereitung

Zuerst einmal brauchst du ein Zimmergewächshaus oder Minigewächshaus. Das kannst du fertig kaufen und es gibt ganz viele verschiedene Ausführungen davon. Am besten ist ein Minigewächshaus aus sehr stabilem Material mit einem durchsichtigen Deckel. Darin haben deine Pflanzen genügend Licht zum Wachsen. So ein Minigewächshaus kostet ungefähr fünf Euro.

Die Töpfe

Jetzt brauchst du auch noch einige kleine Blumentöpfe, die gut in dein Gewächshaus passen. Du kannst auch Pflanzschälchen nehmen, die meist aus Folie geformt sind und wie aneinander hängende Töpfe aussehen. Ganz wichtig ist noch ein Wassersprüher, damit du deine Pflanzen regelmäßig mit Wasser versorgen kannst.

Die Erde

Natürlich brauchen deine Pflanzen nun auch noch die richtige Erde. Das ist gar nicht so einfach, denn sie muss nährstoffarm sein und gut Wasser speichern können. Die Erde darf auch keine Pilzsporen enthalten, sonst entwickelt sich alles Mögliche, nur nicht das, was du möchtest. Gut geeignet ist die Erde, die aus den Fasern der Kokosnuss hergestellt wird. Du bekommst sie in größeren Blumenläden oder Baumschulen.

Beim Aussäen muss man darauf achten, dass die Samen möglichst gleichmäßig auf der Erde verteilt sind und nicht zu viele auf einem Haufen liegen.

Bei genügend Licht, Wasser und Wärme entwickeln sich schon bald kleine Pflänzchen, die du dann in einen anderen Topf umpflanzen kannst.

Die Samen

Saatgut kannst du fast überall kaufen. Blumen- und Gemüsesamen sind zum Anfangen prima. Du musst aber unbedingt darauf achten, dass das Saatgut frisch ist. Es sollte nicht total verstaubt zuunterst in einem Regal herumliegen. Je frischer der Samen ist, desto besser keimen deine Pflanzen.

Die Aussaat

Deine Töpfe oder Pflanzschälchen füllst du mit der Kokosnusserde auf. Drücke die Erde ein wenig an und streiche die Oberfläche glatt. Jetzt kannst du dünn und gleichmäßig säen. Achte darauf, dass sich nicht zu viel Samen an einer Stelle anhäufen. Oft genügt nur ganz wenig aus der Samenpackung. Gut ist es auch aufzuschreiben, wo welche Samen gesät sind. So kannst du die Pflanzen später besser unterscheiden.

Jetzt geht es los

Nachdem du alles eingesät hast, brauchen die meisten Samen eine Temperatur um die 25 Grad, damit sie schnell keimen. Zusätzlich zu dem warmen Ort benötigen deine Samen auch noch genügend Licht, um zu wachsen. Die Lüftungsklappen an deinem Minigewächshaus hältst du geschlossen. So kann kein verdunstetes Wasser aus der Kokosnusserde entweichen. Solange die Klappen zu sind, brauchst du nicht zu wässern. Alle ein bis zwei Tage kannst du nachschauen, ob die Samen schon keimen. Sobald alle Samen gekeimt sind, musst du die Lüftungsklappen öffnen. Jetzt kommt auch der Wassersprüher zum Einsatz. Ganz vorsichtig kannst du damit die Keimlinge besprühen. Wenn deine Sämlinge einige Tage alt sind, kannst du den

Bis die Samen gekeimt sind, ist es wichtig, den Deckel deines Minigewächshauses geschlossen zu halten.

Deckel erst ein wenig aufstellen und dann ganz abnehmen. Sobald die Pflanzen groß genug sind, pflanzt du sie in einen anderen Topf um und lässt sie an einem hellen warmen Ort mit genügend Wasser weiter wachsen. Du kannst so richtig kräftige und schöne Pflanzen bekommen. Und das sind dann ja auch ganz tolle Geschenke, selbst gezogene Pflanzen hat bestimmt nicht jeder auf seiner Fensterbank!

Alles grünt und blüht

Im Sommer macht ein Garten so richtig viel Spaß! Denn wer will bei Sonnenschein und Wärme noch im Haus herumsitzen? Es ist doch viel spannender, Gemüse zu pflanzen, Tiere zu beobachten und vielleicht sogar einen Gartenteich anzulegen!

2

Mai und Juni – vom Frühling zum Sommer

Die Natur hat ihr schönes grünes Kleid angezogen und feiert nun endgültig die Rückkehr der Blumen, Blätter und Blüten. Es ist warm geworden, die dicken Jacken können getrost im Schrank bleiben und selbst morgens muss man nicht mehr bibbern und zittern.

Es kann nochmals kalt werden

Halt! Da gibt es noch so merkwürdige Gestalten, die uns den Frühling und Sommer immer noch nicht gönnen: die Eisheiligen. Sie werden nach fünf Heiligen benannt, deren Namenstage die katholische Kirche in dieser Zeit feiert: Mamertus am 11. Mai, Pankratius am 12. Mai, Servatius am 13. Mai, Bonifatius am 14. Mai und die kalte Sophie am 15. Mai.

Diese Herrschaften erreichen es dann auch oft genug, die winterliche Eiseskälte für kurze Zeit zurückzubringen. Und tatsächlich schaffen die kühle Dame und die eisigen Herren es mit Eishauch und einer Wahrscheinlichkeit von 39 Prozent, für Bodenfrost zu sorgen. Das führt oft zu Frostschäden an bereits blühenden Pflanzen und Bäumen.

Endlich Sommeranfang

Noch eine Besonderheit gibt es in dieser Zeit: das Mittsommerfest, auch die Sommersonnenwende genannt. In der Nacht zum 21. Juni haben wir auf der nördlichen Halbkugel den längsten Tag und die kürzeste Nacht. Gleichzeitig ist dieser Tag auch der Sommeranfang.

Mittsommer wird vor allem in den skandinavischen Ländern wie zum Beispiel Schweden gefeiert. Ein Maibaum, der mit Blumen und Blättern verziert ist, wird auf einer Wiese aufgestellt. Wenn er fertig dasteht, beginnt die Feier mit Tanz, Gesang und Spielen rund um den Maibaum.

Tanz in den Mai

Bei uns kennt man ein ähnliches Fest in der Nacht zum 1. Mai: den »Tanz in den Mai«. Dann wird auch getanzt, gefeiert, gut gegessen und gesungen. In vielen Gegenden wird auch ein Maibaum aufgestellt.

Wenn die Kirschbäume in voller Blüte stehen, sieht der Garten wie verzaubert aus.

Im Garten ist jetzt viel zu tun

Die Natur ist zur Höchstform aufgelaufen und verwöhnt uns mit den schönsten Sonnenstunden. Das ist nicht nur für unsere Blumen und unser Gemüse gut, sondern leider auch für das Unkraut, das fleißig mitwächst.

Jetzt ist die richtige Zeit, um im Garten Blumen zu pflanzen.

Unkraut jäten

Das Unkrautjäten sollte frühzeitig beginnen, damit man nicht irgendwann dasteht und zwischen dem ganzen Unkraut die eigenen Blumen nicht mehr sieht. Bewaffnet mit Garteneimer, Harke und Handschuhen macht es bei schönem Wetter richtig Spaß, die Beete von den grünen Wuchergewächsen zu befreien. Für Kinder ist das eine tolle Gelegenheit, so richtig mit anzupacken. Sie kommen meist sehr schnell dahinter, was Unkraut ist und was nicht.

Die Hochsaison der Gartenarbeit beginnt. In den Beeten gibt es jetzt viel zu tun.

Düngen und schneiden

Die Bodendecke bei Rosen und Blütensträuchern muss dringend gesäubert werden. Für ein wenig Dünger sind diese Pflanzen jetzt ebenfalls dankbar und lohnen es einem mit noch schöneren Blüten. Bei der Düngung von Rhododendron, Azaleen und Erikapflanzen sollte allerdings kein Kalk verwendet werden, da diese Pflanzen sauren Boden lieben.
Falls die Ziergehölze wie Buchsbaum und Ginster oder die Rosen im Winter stark unter dem Frost gelitten haben, sollte man mit dem Zurückschneiden der Pflanzen nicht voreilig sein. Es kann durchaus sein, dass sie nach einem strengen Winter einfach nur etwas später dran sind.

Dahlien pflanzen

Jetzt ist auch die richtige Zeit, um Dahlienknollen zu setzen. Die Dahlie wächst sehr stark und schnell und braucht daher viel Dünger und viel Wasser. Sie sollte alle drei bis vier Wochen nachgedüngt werden. Besonders schön sehen Dahlien als Gruppe gepflanzt vor einer grünen Hecke aus. Sie sollten aber genügend Sonne abbekommen!

Üppige Blütenpracht: die Dahlie

Dahlien stammen aus Mittelamerika und gehören zur Familie der Korbblütler. Sie werden in vielen verschiedenen Formen und Farben angeboten. Die nicht winterharten Pflanzen blühen ab Juli bis zu den ersten Herbstfrösten. Sie gehören zu den beliebtesten Gartenblumen und bieten eine wahre Farbenpracht. Sie können aber nicht nur im Garten, sondern auch in Töpfen und Balkonkästen gehalten werden.

Lieblinge der Sonne

Dahlien lieben einen sonnigen Platz und einen nahrhaften, lockeren und leicht feuchten Boden. Bei Trockenheit müssen sie ausreichend gegossen werden. Hohe Sorten müssen an Stäben aufgebunden werden. Damit die Blütenpracht lange erhalten bleibt, sollte alles Verblühte regelmäßig entfernt werden. Falls sich Samenkapseln gebildet haben, müssen diese ebenfalls abgeschnitten werden.

Solange die Bodentemperatur nicht auf mindestens zehn Grad Celsius gestiegen ist, liegen die Dahlienknollen einfach nur in der kalten Erde, ohne Wurzeln und Triebe zu bilden. Darum hat es überhaupt keinen Sinn, sie vor Mai ins Freiland zu pflanzen.

Im Sommer sollte man den Rasen regelmäßig mähen. Am besten macht man das bei trockenem Wetter.

Der Rasen muss gemäht werden

Nicht nur Blumen und Unkräuter, Gemüse und Obst wachsen in der schönen Frühlingsluft, sondern auch unser Rasen. Mähen sollte man den Rasen nur dann, wenn er trocken ist. Dann ist es am einfachsten. Muss man im feuchten Zustand mähen, vielleicht kurz vor dem Urlaub, wenn es einfach nicht aufhört zu regnen, gibt es einen kleinen Trick: Wenn man das Messer des Rasenmähers mit Speiseöl einreibt, bleibt das feuchte Gras nicht daran kleben und die Messer reißen das Gras nicht aus.

Spielen erwünscht

Übrigens: Auf einem Rasen darf ruhig gespielt werden! Also nicht verjagen lassen, es sei denn er ist frisch eingesät! Die Grasnarbe wird dichter, wenn auf dem Rasen gelaufen und getobt wird. Die Tritte fördern den Wuchs in die Breite und es entstehen mehr Seitentriebe. Dadurch wird der Bestand verdichtet und der Rasen wird insgesamt viel widerstandsfähiger.

Gemüse im Beet anbauen

Auch im Gemüsegarten wartet jetzt viel Arbeit. So sollten zum Beispiel die Möhren gesät werden, sobald es warm wird.

Möhren selbst ziehen

Möhren wachsen am besten in tiefgründigem, lockerem und vor allem gut durchlässigem Boden. Je nach Nährstoffgehalt des Bodens sollte man vor der Aussaat etwas Volldünger in den Boden einbringen. Für eine gleichmäßige Aussaat kann das Saatgut mit einer Hand voll Sand vermischt werden.
Um die Reihen zu markieren, einfach einige Radieschensamen dazugeben. Die Radieschen keimen sehr schnell und zeigen dann an, wo Möhren aus dem Boden kommen werden.

Jetzt geht's los

Die Möhrenreihen sollten etwa 30 Zentimeter voneinander entfernt sein. Mithilfe einer gespannten Schnur wird eine ein bis zwei Zentimeter tiefe Rille gezogen. Die Samenmischung wird gleichmäßig und dünn ausgesät. Wenn man das Saatgut auf eine gefaltete Zeitung legt, dann lässt

Möhren sind ein beliebtes Gartengemüse, das man leicht selbst ziehen kann. Und das Ernten macht dann so richtig Spaß!

sich mit der Knickkante sehr gut zielen. Die Rille mit Erde schließen und leicht andrücken. Es dauert gar nicht lange und die Möhren sind groß genug, dass du eine kleine probieren kannst. Man kann ja ab und an mal nachsehen. Am besten ist es, die Rüben am Grün aus der Erde zu ziehen. Hau ruck, das geht mit einem Griff! Manche Firmen bieten auch Saatbänder an. Die Möhren sitzen dann direkt im richtigen Abstand voneinander. Ansonsten muss man später den Bestand etwas ausdünnen.

TIPP

Um sich nach getaner Arbeit im Garten auszuruhen, in den Himmel zu sehen und darauf zu warten, dass die Möhren reif sind, bietet sich eine Hängematte an! Die kann wunderbar zwischen zwei Bäume geknotet werden.

Auf die Plätze, fertig, los – buntes Treiben bei den Tieren

Für die Tiere im Garten beginnt die große Zeit des Nachwuchses. Die kleinen Vögel lernen das Fliegen, Schmetterlinge wie zum Beispiel der »Kleine Fuchs« krabbeln aus ihren Puppen heraus und die Libellen klettern aus ihren Larven hervor. Aus den Kaulquappen sind Jungkröten geworden und abends quakt das schönste Froschkonzert.

Was brummt denn da? – der Maikäfer

Der Maikäfer gräbt sich in den Monaten April und Mai aus dem Erdboden und fliegt im Mai und Juni. Er ernährt sich hauptsächlich von den Blättern der Laubbäume. Bei bis zu drei Eiablagen werden zwischen 10 und 30 Eier in die Erde gelegt. Nach etwa fünf Wochen schlüpfen dann die Engerlinge. Maikäfer benötigen eine Entwicklungszeit von vier Jahren. In dieser Zeit verwandeln sich die frisch geschlüpften Engerlinge zu geschlechtsreifen Tieren.

Der Maikäfer war eine Zeit lang fast ausgestorben. Jetzt gibt es aber wieder einige Exemplare davon.

Maikäfer sind heute selten

Die Maikäfer sind die reinsten Blattvernichtungsmaschinen. Zuerst fressen sie alles Laub von den Bäumen, danach gehen sie sogar an die Nadelbäume heran.
1911 wurden in einem 1800 Hektar großen Waldgebiet über 22 Millionen Käfer eingesammelt. Zwischen 1950 und 1970 wurden dann die Käfer mit groß angelegten Bekämpfungsmaßnahmen beinahe ausgerottet.
Überall, wo der Maikäfer gesichtet wurde, haben Hubschrauber großflächig riesige Mengen an Gift gespritzt. Viele Jahre lang wurden dann keine lebenden Maikäfer mehr gesehen, nur noch als Schokoladenkäfer waren sie anzutreffen.
Mittlerweile hat sich die Population etwas erholt und es werden wieder Maikäfervorkommen gemeldet.

Info
Die Maikäfer gehören zur Familie der Blatthornkäfer. Sie werden wegen der Form ihrer fächerartigen Fühler so genannt.

Ins Wasser hineinschauen

Tiere zu beobachten macht riesigen Spaß. Besonders toll ist es, sich die kleinen Bewohner der Unterwasserwelt im Teich anzugucken. Mit diesem Gerät kann man einfach durch das Wasser hindurch sehen, ohne dass die Spiegelungen der Wolken und Bäume auf der Wasseroberfläche stören.

Das wird benötigt:

✿ 30 Zentimeter Dachrinnenrohr aus dem Baumarkt ✿ etwas Frischhaltefolie ✿ Klebeband ✿ Schere

1. Das Stück Plastikrohr an einer Seite mit der Frischhaltefolie bespannen. Dazu die Folie fest über das Ende des Rohrs ziehen. Wichtig ist, darauf zu achten, dass die Folie nicht einreißt! Mit dem Klebeband nun die Folie am Rand des Plastikrohrs befestigen. Schon ist die Teichbeobachtungsröhre fertig!

2. Jetzt kann man sich einen schönen Beobachtungsplatz an einem Teich oder Tümpel in der Nähe suchen. Die Röhre dann mit der Folienseite ins Wasser eintauchen. An der anderen Seite hineinschauen.

Mit der Teichbeobachtungsröhre kannst du sehen, was sich unter der Wasseroberfläche so alles abspielt!

Es gibt jede Menge Leben unter Wasser. Besonders spannend ist das natürlich im Frühling. Dann kann man beobachten, wie sich aus den Kaulquappen Frösche entwickeln. Jeden Tag wachsen sie ein wenig und irgendwann sieht man dann die kleinen Beinchen der zukünftigen Frösche. Diese Verwandlung von der Kaulquappe zum Frosch nennen die Biologen übrigens Metamorphose.

Lebensraum Gartenteich

Vielleicht habt ihr einen kleinen Teich im Garten oder ihr seid dabei, einen Teich anzulegen? An so einem Teich tummeln sich die unterschiedlichsten Lebewesen und du schaffst einen kleinen neuen Lebensraum für viele Tier- und Pflanzenarten. Ein solcher Naturteich kann mit fertigen Bauteilen oder auch mit spezieller Teichfolie gebaut werden. Hier findest du einige Tipps.

Es ist nicht schwer, einen Miniteich anzulegen, und hinterher hat man viel Freude daran!

Worauf man achten muss

Zuerst brauchst du natürlich den geeigneten Standort für den neuen Teich. Er sollte an einem möglichst sonnigen Platz liegen.
Wenn das Teichufer flach ausläuft und nicht mit einem Mal steil abbricht, kannst du es viel besser bepflanzen! Die Teichfolie kannst du dazu an den Rändern mit Kieselsteinen abdecken. Ein alter, dicker Ast, der halb ins Wasser ragt, ist nicht nur ein toller Hingucker, sondern er hilft auch kleinen Tieren, die ins Wasser gefallen sind, wieder herauszuklettern.

Wenn du Pflanzen und Tiere im Teich überwintern möchtest, sollte der Teich an einer Stelle mindestens 60 Zentimeter tief sein.
Du musst dir zusammen mit deiner Familie genau überlegen, wie viel Platz ihr für den Teich einplanen wollt!

Teich bepflanzen

Den Uferbereich von deinem Teich kannst du mit Sträuchern, Schilf oder Gräsern bepflanzen. Ganz wichtig: Eine Stelle sollte unbepflanzt sein, um die vielen Tiere zu beobachten, die in den neuen Teich einziehen!

Wasser sauber halten

Wichtig ist auch, dass dein Teichwasser sauber bleibt und nicht zu einem stinkenden Tümpel vermodert. Auf ganz natürliche Weise lässt sich das Wasser mit bestimmten Pflanzen klären. Bei den Pflanzen sind die Krebsschere, die Wassernuss und die nicht winterharte Wasserhyazinthe besonders gut als kleine Kläranlagen geeignet. Diese Pflanzen entziehen dem Wasser Nährstoffe, so wachsen keine Algen und im Teich ist immer klares Wasser.

Welche Tiere kannst du beobachten?

Du wirst immer wieder neue Tiere entdecken, aber auf diese interessanten Teichbewohner kannst du dich schon besonders freuen!

Libelle

Diese Luftakrobaten sind wunderschön. Die Insekten haben einen ganz außergewöhnlichen Flugapparat. Sie können ihre beiden Flügelpaare unabhängig voneinander bewegen und so in der Luft stehen bleiben oder sogar rückwärts fliegen.

Erdkröte

Erdkröten sind keine Schönheiten. Diese plumpen, kräftig gebauten Kröten sind braun, dunkelbraun oder grau. Am Rücken und am Bauch sind sie unregelmäßig getupft. Der ganze Körper ist von vielen Warzen bedeckt. Zur Fortpflanzung suchen Erdkröten immer das Gewässer auf, in dem sie selbst geboren wurden.

Wasserläufer

Auch neue Teiche werden schon nach wenigen Tagen von ihnen besiedelt. Vielleicht ist der Wasserläufer sogar dein erster Teichbewohner. Auf dem Wasser ist er sehr flink und springt einige Zentimeter nach vorn. Bei Sturm oder Regen hält sich der Wasserläufer zum Schutz am Teichrand auf.

Teichmolch

Teichmolche werden etwa elf Zentimeter lang. Sie gehören zur Gruppe der Lurche und zur Familie der Salamander. Die Männchen sind hell- bis mittelbraun und haben große dunkle Flecken. Die Weibchen sind einfacher gefärbt, haben aber einen orangefarbenen oder roten Bauch.

Von der Bohne bis zur Schote

Bohnen sind die Hülsen und Samen des Bohnenstrauches. Diese Bohnenhülsen können sehr unterschiedliche Formen und Farben haben. Genau wie die Hülsen haben auch die Samen viele unterschiedliche Formen und Farben. Je nach Sorte können sie rund, kugelig, flach, oval oder lang sein. Die Farben reichen von Weiß bis zu Rotbraun oder fast Schwarz.

Die Bohne ist in Amerika zu Hause

Ursprünglich stammen die Bohnen aus den tropischen und subtropischen Wäldern Mittel- und Südamerikas. Dort sind sie sogar das Nationalessen, das bei Arm und Reich gleichermaßen auf den Tisch kommt. Aber auch bei uns gehören Bohnen zu den häufigsten Kulturpflanzen. Bohnen sind wichtige Eiweißlieferanten und haben noch jede Menge andere gesunde Sachen wie Mineralstoffe und Vitamine zu bieten. In Deutschland gibt es mehr als hundert Sorten Bohnen. Sie werden hauptsächlich in Buschbohnen und Stangenbohnen unterteilt. Dazu gehören: Grüne Bohnen, Brechbohnen, Zuckerbohnen, Speckbohnen, Wachsbohnen und Rote Bohnen.

Es dauert nicht lange, bis die ersten kleinen Bohnentriebe ihre Köpfe aus der Erde stecken.

Bohnen pflanzen

Stangenbohnen eignen sich gut, um sie selbst im Garten anzupflanzen. Sie wachsen schnell und du wirst bald eine Menge selbst angebauter Bohnen ernten können. Bohnen mögen keine feuchte oder kalte Erde. Aber wer steht auch schon gerne mit den Füßen in kaltem Matschboden?

1. Der richtige Zeitpunkt, um die Bohnen auszusäen, ist der Frühling. Damit die empfindlichen Bohnen draußen nicht frieren müssen, kannst du sie Anfang Mai in Blumentöpfe mit je fünf Stück auf dem Fensterbrett vorziehen. Du solltest sie in ungefähr fünf Zentimeter tiefe Löcher setzen und sie wieder mit Erde bedecken.
2. Jetzt heißt es warten. Schon nach 10 bis 14 Tagen bricht die Erde auf und es zeigen sich die ersten Sämlinge. Wenn die ersten Bohnentriebe neugierig aus der Erde herausschauen, musst du die Töpfe regelmäßig gießen.
3. Bald schon zeigen sich die ersten Blätter in der Mitte des Triebs. Die kleine Bohne streckt sich dem Licht entgegen. Du kannst beobachten, wie der Sprössling gegen den Uhrzeigersinn nach Halt sucht. Das passiert zwar so

langsam, dass man es mit bloßem Auge nicht beobachten kann, aber immer wenn du in Abständen wieder nach deiner Pflanze schaust, bemerkst du, dass die Triebspitze in eine andere Richtung zeigt. So, als würde sie nach einer Stütze suchen, damit sie nicht umfällt.

4. Jetzt ist es an der Zeit, deine Bohne nach draußen zu pflanzen. Vorher musst du sie abhärten und an einem geschützten Ort an die kühleren Temperaturen im Garten gewöhnen. Du solltest vor dem Einpflanzen drei kräftige Stäbe (zum Beispiel drei Meter lange Stangen eines Haselnussstrauchs oder Moniereisenstangen) in die Erde stecken und in der Mitte fest zusammenbinden. Sie geben deinen Pflanzen Halt, weil sie daran entlangwachsen können. Jetzt kannst du behutsam die Bohnen zusammen mit der Erde aus dem Topf am Fuß der Stangen einpflanzen und kräftig angießen. Aber Vorsicht: Du darfst dabei nicht die kleinen Wurzeln der Bohne verletzen.

5. Jetzt geht es schnell. Wie willkommen deinen Bohnen die Wuchshilfe ist, siehst du daran, dass sie sich innerhalb weniger Tage immer weiter hocharbeiten und den Stab umschlingen. Dadurch haben sie genug Halt, dass sie sich verzweigen und immer mehr neue kleine Triebe und Ranken bilden können, bis sie schließlich eine Höhe von bis zu drei Metern erreichen und auch zu blühen beginnen. Erst sind es nur einige kleine Blütenansätze, die sich zeigen, doch schon bald stehen deine Bohnenpflanzen in voller Blüte. Sind die Blüten nach und nach verblüht und fallen ab, kannst du dort bereits die neuen kleinen Schoten erkennen. Sie werden rasch größer.

6. Ende Juli kannst du dann ernten. Die Bohnen sind dann ungefähr zehn Zentimeter lang und lassen sich ganz leicht pflücken. Jetzt musst du regelmäßig ernten, fast jeden Tag, sonst werden die Bohnen riesig! Wenn du möchtest, kannst du auch die ganz frühen Bohnen schon ernten, dann hast du sehr zarte Minibohnen.

Die Bohnenpflanzen wachsen schnell.
Schon bald ist es Zeit für die erste Ernte!

Meine Beobachtungen

Schreibe doch deine eigenen Beobachtungen auf, die du bei deinen Bohnen machst, und trage unten das entsprechende Datum ein.

Aussaat der Bohnen: ....
Keimling durchbricht die Erde: ....
Erste Blätter zeigen sich: ....
Größe nach einer Woche: ....
Meine Bohne ist 50 Zentimeter groß: ....
Meine Bohne ist einen Meter hoch: ....
Meine Bohne ist zwei Meter hoch: ....
Erste Blüten zeigen sich: ....
Erste kleine Schoten sind zu sehen: ....
Hurra, die erste Ernte: ....

Juli und August – Sommerzeit im Garten

Wir schwitzen, was das Zeug hält, und Temperaturen um die 30 Grad Celsius sind für diese Jahreszeit normal. Die Freibäder bersten aus allen Nähten, und wer ein schattiges Plätzchen findet, der kann sich glücklich schätzen.

Gartenspielplatz

Ein Liegestuhl unter dem Schatten eines Baumes, ein Plantschbecken oder einfach nur eine Plastikplane mit etwas Wasser und Schmierseife zu einer Wasserrutschbahn umfunktioniert. Der eigene Garten wird zum schönsten Freibad der ganzen Gegend. Die Sommerblumen wiegen sich im Wind und an den Bäumen reifen die Äpfel und Kirschen heran. Wenn es regnet, dann ist es meist einer dieser schönen, warmen und weichen Sommerregen, in denen man am liebsten im Badezeug tanzen möchte.

Die Erde wird träge

Selbst die Erde kommt bei den hohen Temperaturen ins Schwitzen und dreht sich langsamer als im Winter. Das sind zwar nur wenige Millisekunden am Tag, aber mit einer Atomuhr ist das nachweisbar. Der Grund dafür sind die Bäume. Sie haben Blätter bekommen, und die Blätter aller Bäume bilden zusammen eine enorme Masse. Dadurch wird die Drehbewegung der Erde verlangsamt. Als Beispiel kann man sich eine drehende Schlittschuhläuferin vorstellen. Sobald sie die Arme seitlich hebt, wird sie langsamer. Die Arme haben dabei die gleiche Wirkung wie die Blätter der Bäume.

Sommerhitze färbt Blätter gelb

In besonders heißen Sommern leiden die Bäume unter der Hitze und vor allem unter der Trockenheit. Die Blätter verfärben sich dann schon im Sommer gelb und fallen sehr früh ab. Die Wälder brauchen nach so einem Sommer oft ein oder zwei Jahre, um sich wieder von der starken Hitze- und Trockenperiode zu erholen.

Juli und August sind die Monate, in denen man froh ist, wenn man der Hitze in einer schattigen Hängematte entfliehen kann, denn das Wetter ist fast immer sonnig und schön warm.

Der Garten macht jetzt so richtig Freude

Es ist eine wahre Wonne, die blühenden Beete und das Wachsen an allen Ecken und Enden zu betrachten. Die Blumen lassen einem das Herz höher schlagen, und man kann sich an der bunten Fülle gar nicht satt sehen. Die Hortensien stehen in voller Blüte und eignen sich gut zum Trocknen. Wenn man sie (kurz bevor sie an den Blattansätzen braun werden) schneidet und zusammengebunden kopfüber aufhängt, dann hat man den ganzen Winter etwas davon.

Lavendel (links) und Rosen (rechts) sehen nicht nur schön aus, sondern sie duften auch noch ganz wundervoll!

Lavendelduftsträuße schneiden

Aus dem blühenden und duftenden Lavendel kann man jetzt dicke Sträuße binden und ebenfalls in der ganzen Wohnung aufhängen. Man kann auch nur die Blüten abzupfen und daraus kleine gefüllte Säckchen herstellen. Zwischen die Wäsche gelegt halten sie die Motten fern und der Schrank duftet immer nach Sommer. Lavendelbüsche zwischen Rosen gepflanzt halten Schädlinge von der »Königin der Blumen« fern, die jetzt in voller Blüte steht.

Schönheit im Gartenbeet – die Rose

BEETROSEN haben als besonderes Merkmal stark verzweigte Triebe und dichte Blütenbüschel. Sie eignen sich besonders für die Pflanzung in Beeten und Rabatten. Sie wachsen strauchförmig und werden zwischen 40 und 100 Zentimeter hoch. Ihre Hauptblütezeit ist zwischen Juli und Oktober.

EDELROSEN werden auch Teehybriden genannt und sind die »Königinnen der Rosen«. Mit ihren großen und eleganten Blüten, die an langen Stielen wachsen, sehen sie auch geradezu majestätisch aus. Sie erreichen Höhen zwischen 60 und 120 Zentimetern. Zwischen Juni und Oktober blühen sie mehrfach.

KLETTERROSEN klettern an Mauern und Hauswänden hoch. Sie haben sehr lange Triebe, die sich problemlos überall hochwinden können. Sie wachsen bis zu zwei Meter hoch. Die Hauptblütezeit liegt in den warmen Sommermonaten.

ZWERGROSEN werden nur etwa 30 Zentimeter hoch und sind stark verzweigt. Sie blühen den ganzen Sommer über und werden gerne für Balkone und Steingärten verwendet.

Im Gemüsebeet geht es weiter

Wer im Sommer zum richtigen Zeitpunkt Gemüse sät, hat auch später im Jahr noch etwas zu ernten. Feldsalat und Fenchel gehören nun in die Erde.

Feldsalat aussäen

Zum Aussäen von Feldsalat legt man breite Rillen an und sät die Samen ein. Die Körner sollten nicht tiefer als zwei Zentimeter in der Erde liegen. Der Abstand zwischen den Körnern sollte etwa zehn Zentimeter betragen. Die Samen werden dann mit etwas Erde bedeckt, die leicht angedrückt wird. Sie müssen bis zur Keimung ständig feucht gehalten werden.

Die Beete sollten regelmäßig von Unkraut befreit werden. Sind die Samen gekeimt, müssen sie nur noch normal gewässert werden. Feldsalat benötigt normalerweise keinen Dünger.

Das Säen von Fenchel geht im Grunde genauso. Der Reihenabstand sollte beim Fenchel allerdings etwa 40 Zentimeter betragen. Bis der Fenchelsamen gekeimt ist, muss der Boden immer feucht gehalten werden.

Feldsalat (rechts) sollte jetzt gesät werden, damit er im Herbst geerntet werden kann. Und endlich ist Kirschenzeit! Was schmeckt im Sommer besser als diese süßen roten Früchte?

Die Erntezeit beginnt

In vielen Gärten hängen nun auch leckere rote Kirschen an den Bäumen. Jetzt ist die Pflückzeit für die kleine Delikatesse gekommen. Egal ob weiche Herzkirschen oder knackige Knorpelkirschen, in den nächsten Wochen sind sie zum Greifen nahe. Saftig und erfrischend schmeckt das leckere Fruchtfleisch. Süße Kirschen gibt es in den unterschiedlichsten Varianten: von Goldgelb bis Dunkelrot.

Kirschbaum auch im kleinen Garten

Wer selbst süße Kirschen ernten will, braucht reichlich Platz. Die Bäume mit den großen Kronen werden nämlich bis zu 20 Meter hoch. Es gibt allerdings auch kleinere Neuzüchtungen,

Jetzt, wo es so sonnig und heiß ist, brauchen die Pflanzen im Garten richtig viel Wasser, damit sie nicht vertrocknen.

die nicht so viel Platz benötigen. Für kleine Gärten sind aber die sauren Sorten geeigneter. Die lassen sich durch geschicktes Zurückschneiden kurz halten und tragen trotzdem viele Früchte. Kirschbäume brauchen einen sonnigen Standort und einen durchlässigen Boden.

Schädlinge an Obstbäumen

Schädlinge an den beliebten Obstbäumen sind nicht nur unansehnlich, sondern verderben einem so richtig jeden Appetit auf die Vitaminbomben aus dem eigenen Garten. Man kann aber die Kriechschädlinge, die nach der Blütezeit am Baumstamm zu den wachsenden Früchten hochklettern, verscheuchen.

Das funktioniert sehr gut mit so genannten Leimringen. Man kann sie in Gärtnereien kaufen. Befestigt werden sie in einer Höhe von etwa einem Meter. Der Leimring muss ganz fest am Baum anliegen, damit die schädlichen Insekten nicht etwa darunter herkrabbeln können. Mit dieser einfachen Maßnahme kann die Eiablage verhindert werden und die Ernte ist gesichert!

Pflanzen haben viel Durst

In den warmen Sommermonaten benötigen die Pflanzen im Garten viel Wasser. Wenn es nicht regnet, muss man die durstigen Blumen täglich mit ausreichend Wasser versorgen. Ausgerüstet mit Gartenschlauch oder Gießkanne macht es Spaß, die geliebten Pflanzen mit dem frischen Nass zu besprengen.

Zeit zum Gießen

Am besten gießt man die Pflanzen im Garten in den kühlen Abendstunden oder am frühen Morgen. Es ist allerdings wichtig, nicht nur oberflächlich zu gießen, sondern dafür zu sorgen, dass alle Pflanzen reichlich Wasser bekommen! Besonders gerne haben Pflanzen abgestandenes warmes Wasser aus Auffangbehältern, zum Beispiel einer Regentonne.

TIPP

Falls ein Urlaub geplant ist, sollte man sich frühzeitig um eine zuverlässige Vertretung beim Gießen kümmern, sonst erwartet einen nach den erholsamen Tagen eine braune Einöde.

Expeditionen ins Tierreich

Es kribbelt und krabbelt überall. Ob Ameise, Schnecke oder Regenwurm, wer sich mit offenen Augen auf eine Expedition durch den Garten begibt, wird garantiert fündig. Manchmal genügt es schon, einen dicken Stein umzudrehen, und man findet kleine Käfer, Asseln oder sogar einen Salamander. Es gibt aber auch weniger beliebte Gartengäste, und die treiben es zu dieser Jahreszeit manchmal richtig toll. Kein Kirschkuchen oder gegrilltes Bratwürstchen ist vor ihnen sicher.

Raubritter auf Beutezug - die Wespe

Gutes über Wespen zu sagen fällt oft nicht leicht. Wespen können ganz schön lästig sein! Aufdringlich und manchmal sogar richtig aggressiv umschwirren die gelb-schwarzen Insekten im Sommer Apfelsaft und Eiscreme.
Bei uns gibt es über hundert verschiedene Wespenarten. Nur zwei davon fallen im Sommer über Speisen und Getränke her: die »Deutsche Wespe« und die »Gemeine Wespe«.

Der Wespenstaat

Wespen leben wie Bienen in großen Völkern zusammen. Im Mai beginnt bei den Wespen der Nestbau. Die Aufgaben in einem Wespenstaat sind genau verteilt: Es gibt Wächterinnen und Arbeiterinnen. Dann gibt es noch die Spezialeinheit, die für die Fütterung der kleinen Larven zuständig ist. Im Spätsommer werden auch männliche Wespen aufgezogen. Sie leben aber nur so lange, bis sie sich mit der Königin gepaart haben.

Die Wespe lebt in einem völlig durchorganisierten Staat, in dem jedes Tier festgelegte Aufgaben hat.

Das Wespennest

Wespen sind hervorragende Architekten! Ein Wespennest ist eine ständig wachsende Anlage, die aus zerkleinerten Holz- oder Pflanzenfasern aufgebaut ist und mit dem Speichel von den Wespen befestigt wird. Im Herbst sterben alle Wespen eines Volkes, nur die Wespenkönigin überlebt. Das ist die richtige Zeit, sich ein Wespennest aus der Nähe anzusehen.

Info
Wespen stechen nur im äußersten Notfall. Wer sich ruhig verhält und nicht voller Angst nach ihnen schlägt, kann einen Stich am besten vermeiden.

Gartenschlauch-Dusche und Sonnenkartoffel

In vielen Gegenden dieser Welt nutzen Menschen die Energie der Sonne zum Heizen oder für Glühbirnen in Lampen. Die Sonnenenergie wird in großen Hohlspiegeln oder in Solarzellen aufgefangen und dann gespeichert. Diese Art der Energiegewinnung ist besonders umweltfreundlich. Es wird lediglich das benutzt, was sowieso da ist, nämlich die Wärme der Sonne. Mit einem einfachen Trick kann man die erstaunliche Kraft der Sonne selbst ausprobieren.

Duschen mit Sonnenenergie

Ist es im Sommer so richtig heiß, dann ist man froh über eine kühle Dusche. Auch dabei kann man die Kraft der Sonne nutzen, damit man sich nicht mit dem eiskalten Wasser aus der Leitung im Garten abspritzen muss. Einfach den mit Wasser gefüllten Gartenschlauch für eine Viertelstunde in die Sonne legen, und das Wasser, das noch im Schlauch ist, wird ganz ohne Strom aufgewärmt. Und schon kann es losgehen! Aber Vorsicht: Wenn der Schlauch leer gelaufen ist, wird es wieder kalt, kälter, am kältesten.

Sonnenkartoffel kochen

Dazu eine runde Schüssel von innen komplett mit Alufolie auskleiden. Vorsicht, dass die Alufolie nicht einreißt! Die Alufolie glatt streichen, bis das Innere der Schüssel wie ein großer Spiegel aussieht. In die Mitte der Schüssel dann eine kleine Kartoffel legen. Wenn draußen die Mittagssonne so richtig heiß vom Himmel brennt, ist genau die richtige Zeit für den Versuch.
Die Schüssel mit der Alufolie und der Kartoffel direkt in die pralle Sonne stellen. Die Kartoffel sollte dazu genau in der Mitte der Schüssel liegen! Innerhalb von einigen Minuten ist die Kartoffel fertig gekocht.
Auf der Alufolie sammeln sich die Sonnenstrahlen. Durch diese gesammelte Sonnenenergie ist die Kartoffel schon nach wenigen Minuten gekocht. Die Sonnenstrahlen werden in der Mitte der Schüssel gebündelt. Dort entsteht dann eine sehr hohe Temperatur.

Eine lauwarme Gartenschlauchdusche ist genau das Richtige, um sich an heißen Tagen ein bisschen zu erfrischen!

Süß und rot – die Erdbeere

Erdbeeren sind bei uns neben dem Apfel das beliebteste Obst überhaupt. Was gibt es auch Schöneres, als im Sommer ein Wettpflücken im Erdbeerfeld zu veranstalten und dabei ganz unbemerkt die eine oder andere Erdbeere im Mund verschwinden zu lassen. Erdbeeren wachsen heute im gemäßigten Klima auf der ganzen Welt. Sie bestehen zwar zu 90 Prozent aus Wasser, schmecken aber trotzdem fantastisch. Das liegt an den Fruchtsäuren, dem Fruchtzucker und den Aromastoffen in der Erdbeere.

Erdbeeren selbst ziehen

Erdbeeren lassen sich wunderbar im eigenen Garten anpflanzen! Du kannst sie schon im Frühjahr oder auch erst im Sommer anpflanzen, der allerspäteste Zeitpunkt ist Mitte September. Erdbeerpflanzen bekommst du in jeder Gärtnerei.

Der richtige Standort

Weil Erdbeeren eigentlich Waldpflanzen sind, brauchen sie einen ganz speziellen Boden mit vielen Nährstoffen. Im Garten wachsen sie am besten, wenn du etwas Kompost auf dein Beet gibst und die Erde richtig gut auflockerst und umgräbst. Erdbeeren lieben die Sonne, also such dir eine Stelle im Beet aus, die nicht zu sehr im Schatten liegt.

Von der Blüte bis zur Frucht

Zwischen den einzelnen Erdbeerpflänzchen solltest du einen Abstand von 25 Zentimetern lassen, damit sie schön viel Platz zum Wachsen haben. Die Pflanzen gräbst du dann so tief in die Erde ein, dass die Stelle zwischen Wurzel und Stängel, das so genannte Herz der Erdbeere, noch zu sehen ist.

Erdbeeren gehören zum Sommer einfach dazu. Und sie sind nicht nur lecker, sondern auch sehr gesund!

Die ersten weißen Erdbeerblüten sind im Mai zu sehen. Jetzt kannst du unter den Erdbeerpflanzen Stroh ausbreiten, damit die reifen Erdbeeren später nicht auf der Erde liegen müssen. Sonst verfaulen sie nämlich leicht.

Erntespaß

Ab Juni kannst du dann bestimmt schon die ersten fertigen Früchte ernten. Warte aber, bis sie ganz rot sind, denn erst dann schmecken sie richtig süß und saftig!
Erdbeeren schmecken nicht nur toll, sondern sind auch noch gesund. Die Früchte enthalten viele Vitamine, vor allem Vitamin C, und die Mineralien Kalium, Magnesium, Zink, Mangan, Phosphat und Kupfer. Erdbeeren kannst du bei uns zwischen Juni und August pflücken. Und wenn du sie erst einmal geerntet hast, kannst du so allerlei Leckeres damit anfangen!

Schokofrüchte

Dazu brauchst du folgende Zutaten:
✿ 1 Paket weiße Kuvertüre ✿ 1 Paket Zartbitter-Kuvertüre ✿ Erdbeeren ✿ Holzspieße

Die Kuvertüre gibst du jeweils in einen kleinen Topf. In zwei größeren Töpfen bringst du Wasser zum Kochen und stellst die kleinen Töpfe in die großen Töpfe hinein. So lässt du die Kuvertüre schmelzen. Die Erdbeeren musst du waschen und anschließend gut trocknen lassen. Sehr schön sehen die fertigen Spieße aus, wenn du das Grün an der Erdbeere lässt. Daran kannst du sie auch ganz prima in die geschmolzene Schokolade tauchen. Die abgetrockneten Erdbeeren

Im Juni beginnt die Zeit der Erdbeerernte. Und nach dem Ernten kann man die leckersten Sachen daraus machen!

tauchst du in die schwarze oder weiße Schokolade und spießt sie dann abwechselnd auf einen Holzspieß. Die fertigen Schokofruchtspieße lässt du trocknen. Fertig!

Erdbeereis

Dazu brauchst du folgende Zutaten:
✿ 120 g Zucker ✿ 50 ml Milch ✿ 125 g Crème double ✿ 150 g Erdbeer-Sahne-Joghurt ✿ 250 g Erdbeeren

Die Milch kochst du zusammen mit dem Zucker in einem Topf kurz auf. Wenn alles gut abgekühlt ist, rühre die Crème double und den Sahnejoghurt unter. Die Erdbeeren musst du waschen und putzen. Gib die Erdbeeren in eine Plastikschüssel und püriere sie mit dem Pürierstab. Das fertige Erdbeerpüree rührst du dann vorsichtig unter die Cremmasse. Nun füllst du das Eis in kleine Eisförmchen und stellst sie für mindestens vier Stunden in den Gefrierschrank.

Herbsttage und Winterpause

3

Der Sommer ist vorbei, aber im Garten kann man immer noch viel machen! Im Herbst ist Erntezeit, Halloween kommt mit seinen Kürbisköpfen und im Winter kannst du den Vögeln bei der Futtersuche helfen!

- September und Oktober – die bunten Farben des Herbstes
- November und Dezember – das Gartenjahr geht zu Ende

September und Oktober – die bunten Farben des Herbstes

Die Blätter verfärben sich, und die Natur legt ihr buntes Herbstgewand an, bevor sie sich endgültig für den Winter rüstet. Riesige Laubberge liegen an den Straßenrändern, und es macht besonders viel Spaß hindurchzustapfen, bis der Wind hineinbläst und alles durcheinander wirbelt.

Der Sommer der Indianer

Das Wetter kann uns um diese Jahreszeit einen wunderschönen Spätsommer schenken. Ältere Menschen nennen diese Jahreszeit häufig »Altweibersommer«. Einige benutzen aber auch den Begriff »Indian Summer«. Übersetzt heißt das Indianersommer, ein tolles Wort, das seinen Ursprung in der indianischen Mythologie hat. In einer Legende wird erzählt, dass das Blut von erlegten Bären ins Erdreich fließt und von den Bäumen aufgenommen wird. Daher färben sich der Geschichte nach die Blätter rot und orange. Die andere Erklärung für den Namen ist einfacher: Der »Indian Summer« war die Hauptjagdsaison und damit die wichtigste Jahreszeit für die Indianer.

Es wird kühler

Jetzt wird es Herbst und morgens begrüßt uns draußen der erste Nebel. Dick und wabernd hängt er wie Zuckerwatte in den Bäumen, kriecht über die Felder und manchmal versteckt er sogar ganze Häuser hinter seinen weißen Schleiern. Es ist kälter geworden und die Luft riecht feucht und modrig.

Herbsttagundnachtgleiche

Die Tage werden auch wieder kürzer und am 22. oder 23. September (durch die Schaltjahre verschiebt sich der Termin) ist der Moment der Herbsttagundnachtgleiche. An diesem Tag sind Tag und Nacht gleich lang, daher stammt der Name Tagundnachtgleiche. Danach wandert die Sonne auf die südliche Himmelshälfte, das heißt die Südhalbkugel der Erde ist der Sonne zugewandt und es wird dort Sommer.

Die ersten bunten Blätter beginnen von den Bäumen zu fallen – ein sicheres Zeichen dafür, dass es allmählich Herbst wird.

Den Garten auf den Winter vorbereiten

Im Herbst sorgt die Herbstzeitlose noch einmal für bunte Abwechslung auf den Wiesen.

Viele Blumen und Sträucher werden im September und Oktober zurückgeschnitten und einige, zum Beispiel die Kübel und Töpfe mit Orangenbäumchen oder Oleander, werden zum Überwintern ins Haus geholt, damit sie in der kalten Luft nicht erfrieren.

Vor dem Winter tut es vielen Blumen und Sträuchern gut, wenn sie zurückgeschnitten werden.

Blüte ohne Blätter: die Herbstzeitlose

Um diese Jahreszeit ist die Herbstzeitlose an vielen Stellen zu sehen. Bis in den Oktober hinein treiben ihre rosa- und hellviolettfarbenen Blüten direkt aus der Erde. Die trichterförmige Blüte sitzt auf der Blütenröhre, die aus der 15 bis 20 Zentimeter tief sitzenden Zwiebelknolle entspringt. Die Blätter kannst du dann erst im nächsten Frühjahr wieder sehen. Die Herbstzeitlose wächst auf feuchten Wiesen und Weiden. Da die Pflanze im Herbst blüht, erhielt sie den Namen Herbstzeitlose. Sie wurde aber früher auch Herbstvergessene und Zeitlose genannt. Weitere Namen für die Pflanze sind Herbstlilie, Wintersafran, Michelsblume und Winterhauch.

Info

Leider ist diese Blume nicht nur schön, sondern auch sehr giftig! Das Gift heißt Colchicin und wirkt ähnlich wie Arsen. Also vorsichtig und immer die Hände waschen!

Den Boden durch Mulch schützen

Gerade im Herbst fallen oft viele Gartenabfälle an. Der Rasen wird gemäht, Bäume und Sträucher werden zurückgeschnitten. Die nützlichen Überreste müssen nicht weggeworfen werden, sondern damit kann man seinem Garten etwas Gutes tun. Man macht einfach Mulch daraus. Mit einem Häcksler werden die Holzabfälle zerkleinert, und dann wird der fertige Mulch überall auf den Gartenbeeten verteilt. Rasenschnitt kann man zum Beispiel direkt nach dem Mähen zwischen den Rosen auslegen.
Er verhindert das Wachsen von Unkräutern und hält die Feuchtigkeit im Boden fest. Dazu kommt, dass guter Mulch dem Boden viele Nährstoffe gibt und die Lebewesen im Boden vor der Kälte des Winters schützt.

Im Herbst Frühlingsblumen pflanzen

Jetzt ist es aber auch an der Zeit, bereits ans nächste Frühjahr zu denken und die Blumenzwiebeln für Narzissen, Krokusse und Tulpen in die Erde zu bringen, damit im zeitigen Frühjahr wieder alles blüht. Die Blumenzwiebeln müssen im Herbst möglichst schnell nach dem Kauf gepflanzt werden. Wenn das nicht sofort möglich ist, weil es vielleicht regnet oder bereits geschneit hat, sollte man sie an einem trockenen dunklen Platz lagern. Experimentieren mit Form und Farbe der Zwiebelpflanzen ist spannend. Warum nicht alle Zwiebeln kunterbunt mischen oder farblich abgestimmte Gruppen im ganzen Garten verteilen?

Wie pflanzt man Blumenzwiebeln?

Blumenzwiebeln werden in so genannten Horsten oder Gruppen gepflanzt. Dazu in ein Loch fünf bis zehn Blumenzwiebeln legen. Faustregel: Die Zwiebeln ungefähr dreimal so tief pflanzen, wie sie hoch sind. Nun noch mit Erde bedecken, dann überstehen sie den Winter gut.

Damit im Frühling wieder bunte Blumen wachsen, sollte man jetzt Blumenzwiebeln pflanzen.

Für Salat, Tomaten und viele andere Gemüsesorten ist jetzt die richtige Erntezeit.

Noch ist Erntezeit

Auch wenn nun die kalte und ungemütliche Jahreszeit vor der Tür steht, es gibt bis zum Spätherbst noch jede Menge interessante Dinge im Garten zu entdecken. Pilze schießen aus dem Boden und vielleicht wachsen auf der Wiese im Garten ja sogar Champignons.

Reiche Ernte

Feldsalat und Fenchel, die im Sommer gesät wurden, sind jetzt eine willkommene Vitaminspritze für die kommenden dunklen Tage.
Mit seinem leckeren nussartigen Geschmack ist der Feldsalat eine richtige Delikatesse aus eigenem Anbau. Die Blätter werden direkt über der Erdoberfläche abgeschnitten.
Außerdem gibt es aber auch noch viele andere Obst- und Gemüsesorten, die jetzt geerntet werden können. Im Gemüsebeet kann man nun Kartoffeln ausgraben und Zucchini und Kürbisse schneiden. Die Obstbäume hängen voller

Früchte, und man hat alle Hände voll zu tun, im Garten die heruntergefallenen Äpfel, Birnen und Pflaumen vom Boden aufzusammeln und die reifen Früchte von den Bäumen zu pflücken. Wie zu kaum einer anderen Zeit im Jahr wird der Garten zu einem wahren Schlemmerparadies!

Wer Apfelbäume oder Tomatenstauden im Garten hat, kann sich jetzt über die leckersten rotbackigen Früchte freuen!

3

Bunte Blätter überall

Falls es einen Teich im Garten gibt, sollte er regelmäßig von den herabgefallenen Blättern gereinigt werden, sonst vermodert er. Auch von Rasen und Wegen sollte das bunte Herbstlaub mit einem Besen oder Rechen entfernt werden. Unter Hecken und auf Staudenbeeten bieten die toten Blätter dagegen kleinen Tieren wie Käfern, anderen Insekten oder sogar Kröten Unterschlupf und Schutz für den Winter. Außerdem ist das herabgefallene Laub eine natürliche Schutzschicht für den Boden, der so vor den ersten Herbstfrösten abgeschirmt ist.

Warum fallen die Blätter jetzt von den Bäumen?

Pflanzen brauchen Sonne. Nur mit ihrer Hilfe können die Blätter der Pflanzen die lebenswichtigen Stoffe wie zum Beispiel Zucker herstellen, die Bäume, Sträucher und Blumen zum Leben benötigen. Wenn die Sonne im Herbst und Winter kürzer scheint und es draußen langsam kalt wird, stirbt das Blatt, es verliert seine grüne Farbe, wird gelb, rot und braun und fällt vom Baum herab.

Der Baum speichert die nötigen Nährstoffe in seinen Ästen und seinem Stamm. So kann er den Winter gut überleben. Die Blätter werden vom Baum abgestoßen, denn er hat jetzt nicht mehr genug Nährstoffe für sie. Überall liegen nun die riesigen Laubberge, die aber ein prima Winterquartier für Tiere wie den Igel bieten.

Weil die Sonne jetzt immer weniger scheint, verfärben sich die Blätter und fallen von den Bäumen.

Die Tiere machen sich für den Winter fertig

Viele Tiere wie der Igel oder die Spitzmaus bereiten sich nun auf den nahenden Winterschlaf oder auf die Winterruhe vor. Sie sausen umher, sammeln Vorräte und suchen ein geeignetes Quartier zum Überwintern. Da es im Winter nicht genügend Nahrung gibt, wird im Herbst gesammelt und gefuttert, was das Zeug hält. Die Tiere, die Winterruhe halten, legen sich kleine Vorratsverstecke an, und die Winterschläfer fressen sich eine dicke Fettschicht an, die sie während ihres langen Schlafes versorgt.

Eichhörnchen sind ganz ausgezeichnete Kletterer. Außerdem sind sie sehr reinlich und putzen sich häufig.

Sammeln für den Winter – das Eichhörnchen

Im Herbst können diese hervorragenden Kletterer bei ihrer Vorbereitung und Nahrungssuche fürs Winterquartier bestaunt werden. Wieselflink huschen Eichhörnchen von Baum zu Baum und sammeln Futter. Um bei dieser Springerei das Gleichgewicht zu halten, wird der Schwanz als eine Art Balancierstange benutzt. Durch ihr geringes Gewicht können sie sich bis auf die äußersten Zweigspitzen der Bäume trauen. Sie bewegen sich mit kleinen Sprüngen voran, und auch auf dem Boden laufen sie nicht, sondern springen vorwärts.

Wie Eichhörnchen leben

Das Eichhörnchen ist vor allem in den frühen Morgenstunden kurz vor der Dämmerung aktiv. Wer also einmal früh aufsteht, kann es wunderbar im Garten beobachten. Einen richtigen Winterschlaf hält das Eichhörnchen nicht. Es schläft und ruht nur längere Zeit, dann saust es immer wieder los und sucht Nahrung. Damit es auch im Winter immer genügend zu fressen hat, legt das Eichhörnchen kleine Verstecke an. Es vergräbt zum Beispiel Nüsse im Boden.

Das Eichhörnchennest

Eichhörnchen sind Einzelgänger. Nur zur Paarungszeit kommen sie zusammen, und dann kann man beobachten, wie die Männchen die Weibchen durch die Bäume jagen. Sein Nest baut das Eichhörnchen hoch oben in den Baumkronen. Aus vielen Ästen und Zweigen entstehen rundliche Behausungen, die Kobel genannt werden. Dort schlafen sie und bringen auch ihre Jungen zur Welt. Die Kobel sind mit Moos und Gras von innen gepolstert und sehr gemütlich. Aber so ein Eichhörnchen zieht auch gerne in eine leere Baumhöhle ein und manchmal haust es sogar auf dem Dachboden von Häusern.

Einen Papierdrachen basteln

Im ersten Herbstwind einen Drachen steigen zu lassen, was gibt es Tolleres? Vor allem dann, wenn der Drachen auch noch selbst gebastelt ist! Denn kaufen, dass kann ja wirklich jeder!

Das wird benötigt:

✿ quadratisches Faltpapier (ca. 20 x 20 cm oder etwas größer) ✿ 1 Paketschnur ✿ 1 Rolle Krepppapier ✿ Schere ✿ Kleber ✿ Filzstifte

1. Das Papierquadrat auf den Tisch legen und einmal diagonal in der Mitte knicken. So erhält man ein Dreieck. Das Dreieck wieder auseinander klappen und so hinlegen, dass der Knick und eine Spitze des Quadrates nach unten zeigen.

2. Jetzt die zwei unteren Kanten an den Knick heranfalten. Die umgeknickten Seiten festkleben. Fertig ist der Drachen! Wenn er getrocknet ist, kann man ihm noch mit Filzstiften ein lustiges Gesicht malen. Das macht ihn dann so richtig einmalig!

3. Für den Schwanz aus dem Krepppapier kleine Schleifen drehen. Die Schleifen an der Paketschnur festknoten. Am unteren Ende des Drachens mit der Schere vorsichtig ein kleines Loch stechen. Hier nun den fertigen Drachenschwanz anknoten. Übrigens: je bunter, desto besser!

4. An den Ecken rechts und links ebenfalls kleine Löcher bohren und in jedes Loch ein Stück Paketschnur knoten. Beide Schnüre jetzt noch in der Mitte des Drachens verknoten. Dort, wo die zwei Paketschnurenden verknotet sind, anschließend die lange Drachenschnur festbinden.

Jetzt noch ein wenig Wind, Gummistiefel anziehen und hui, los geht es! Wichtig ist dabei, sich richtig in den Wind zu stellen, um den Drachen hochsteigen zu lassen. Falls er sich nur im Kreis dreht, einfach die Schnur verlängern. Wenn er nicht richtig hochsteigen will, die Schnur verkürzen. Bevor aber das Drachensteigen überhaupt so richtig losgeht, erst genau gucken, ob keine elektrischen Oberleitungen in der Nähe sind!

Beim Bemalen deines Drachens kannst du deiner Fantasie freien Lauf lassen – je lustiger, desto besser!

Ein Winterquartier für den Igel

Igel sind Wildtiere und keine Haustiere und brauchen daher auch nur in Notfällen ein Winterquartier im Haus. Nur hilfsbedürftige Tiere darfst du im Winter zur Pflege aufnehmen. Das sind dann entweder Jungtiere, die im November weniger als 500 Gramm Körpergewicht haben oder schwache Igel, die sich im Herbst keine Fettpolster angefressen haben.

Igel sind Nachttiere

Die Igel gehören zu den ältesten Säugetieren. Sie bewohnten die Erde schon vor etwa 60 Millionen Jahren. Sie verschlafen beinahe den ganzen Tag und werden erst wach, wenn es draußen dunkel wird. Jetzt ist die beste Zeit, um sie zu beobachten. Einen Igel hört man meist, bevor man ihn sieht. Raschelndes Laub, knackende Äste oder lautes Schmatzen kündigen ihn an. Die stacheligen Gesellen geben sich keine besondere Mühe, leise zu sein. Falls Gefahr droht, rollen sie sich schnell zu einer wehrhaften Kugel zusammen und warten ab. Igel fressen vor allem Insekten. Gut für den Garten, denn unter den Insekten sind einige, die dem Obst oder Gemüse schaden. Igel fressen aber auch Regenwürmer oder Schnecken.

Ein Igel braucht Höhlen

Falls du für die Igel in der freien Natur etwas tun möchtest, sind Reisighaufen und Laubhügel, die auch im Winter liegen bleiben, genau das Richtige. Igel freuen sich aber auch über Komposthaufen und Holzstöße oder über ein Schlupfloch, durch das sie in den Geräteschuppen einziehen können. Was Igel nicht mögen, sind aufgeräumte und gezirkelte Gärten ohne Schlupfwinkel.
Igel lieben naturnah gestaltete Gärten. Denn hier finden sie auch genügend Nahrung und können in verwilderten Ecken ungestört stöbern.

So kannst du Igeln im Garten helfen

- Einheimische Sträucher pflanzen, sie geben dem Igel Schutz und Unterschlupf.

Igel gibt es bei uns in vielen Gärten, aber weil sie Nachttiere sind, sieht man sie tagsüber nicht so häufig.

- In einer mit Laub und Ästen abgedeckten »Igelburg« kann er im Sommer seinen Nachwuchs großziehen und in der kalten Jahreszeit überwintern.
- Unaufgeräumte Ecken, ungemähte Wiesen und natürliche Hecken erleichtern Igeln die Nahrungssuche.
- Einrichten einer geschützten Futterstelle mit Zusatzfutter (zum Beispiel Hunde- oder Katzentrockenfutter, spezielles Igelfutter aus dem Handel, hart gekochte Eier).

Erste Hilfe für Igel

Die folgenden Maßnahmen, wenn du einen Igel bei dir im Haus aufnimmst, solltest du genau beachten, damit du weder dem Igel noch dir selbst schadest!

Wärme ist wichtig!

Einen unterkühlten Igel musst du zuerst aufwärmen. Am besten geht das mit einer Wärmflasche, die du mit lauwarmem Wasser füllst (nicht heiß!). Wickele ein Handtuch darum und lege sie dann in einen Pappkarton. Den Igel setzt du darauf und deckst ihn mit einem weiteren Handtuch zu. Das Wasser musst du nun mehrmals erneuern, wenn es kalt wird, da es mehrere Stunden dauern kann, bis dem Igel wieder richtig warm ist.

TIPP

Sicherheitshalber solltest du deinen Igel einem Tierarzt zeigen. Dort bekommst du auch alles gegen Zecken, Flöhe und anderes Ungeziefer.

Einen Igel solltest du nur im Notfall mit ins Haus nehmen, aber er freut sich sehr, wenn du ihm im Garten einen Unterschlupf aus Laub baust!

Was frisst der Igel?

Anbieten kannst du deinem Igel Katzen- oder Hundefutter. Es gibt allerdings auch Igeltrockenfutter aus dem Zoogeschäft. Die meisten Igel lieben ein in ganz wenig Fett gebratenes, ungewürztes Rührei und hin und wieder auch reifes Obst zum Nachtisch. Niemals darfst du deinem Igel Milch zum Trinken geben, darauf reagiert der stachelige Kerl mit Durchfall. Also, immer nur klares Wasser! Deinen Pflegeigel fütterst du nur einmal am Tag. Er bekommt ungefähr so viel Nahrung wie in einen kleinen Joghurtbecher passt.

Igelabschied

Irgendwann ist aber auch der längste Winter vorüber und dein stacheliger Freund, dem du bestimmt einen Namen gegeben hast, muss wieder hinaus in die Natur. Nach dem Winterschlaf fütterst du den Igel nur noch eine kleine Weile, denn Anfang bis Mitte Mai musst du ihm die Freiheit wiederschenken! Setze ihn am besten dahin, wo du ihn gefunden hast. Und falls euer Garten nicht zu aufgeräumt ist, kommt er ja vielleicht im nächsten Jahr wieder und baut sein Nest in eurer Hecke.

Die Nacht des Kürbis

Der Herbst rüttelt mit stürmischer Hand an den Fensterscheiben, der Regen wird durch die Straßen gepeitscht und Laubberge türmen sich an den Gehsteigen – die richtige Jahreszeit für Gruselgestalten, Geisterscharen und Kürbisse, die richtige Zeit für Halloween.

Den Sommer verabschieden

Die Wurzeln dieses Festes sind bei den alten Kelten zu finden. In der Nacht vom 31. Oktober auf den 1. November verabschiedeten sich die damaligen Druiden vom Sommer und feierten den Beginn des Winters. Es gab ein großes Fest mit Feuern, an denen Voraussagungen zu Krieg, Frieden oder Politik gemacht wurden und an dem den Göttern geopfert wurde, um sie gnädig zu stimmen. Die Iren wandelten diesen Brauch ab und verkleideten sich möglichst schrecklich, um die Geister zu verjagen.
Vor einigen Jahren gelangte Halloween mit all seinen Gruselwesen auch zu uns und diese treiben seitdem in einer dunklen, langen Nacht ihr Unwesen.

Kein Halloween ohne Kürbis!

Wer an Halloween denkt, dem fallen als Erstes die ausgehöhlten Kürbisse mit ihren fiesen Gesichtern ein, die jetzt überall zu sehen sind. Bestimmt möchtest du auch gern deine Terrasse mit so einem Kürbiskopf schmücken, vielleicht sogar mit einem selbst gezogenen Kürbis aus dem eigenen Garten. Kürbisse anzubauen ist nämlich gar nicht so schwer! Probier es doch einfach mal aus!

Ein ausgehöhlter Kürbis, in den ein Gesicht geschnitten wird, ist die beste Halloween-Dekoration.

Kürbisse im Garten pflanzen

Das Saatgut für die Kürbispflanzen solltest du Anfang bis Mitte Mai in die Erde stecken, wenn kein Bodenfrost mehr zu erwarten ist. Die kleinen Pflänzchen sollen schließlich nicht erfrieren! Danach musst du sie eigentlich nur noch regelmäßig gießen, denn Kürbisse brauchen viel Wasser. Die Kürbispflanzen mögen es auch, öfter mal gedüngt zu werden. Ansonsten musst du sie einfach nur wachsen lassen. Zwischen September und Oktober ist es dann Zeit, die Kürbisse zu ernten. Du kannst einen reifen Kürbis daran erkennen, dass sein Stiel eintrocknet.

Gruselige Kürbisköpfe

Um jetzt einen Kürbiskopf herzustellen, musst du den Kürbis erst mal aushöhlen. Dazu schneidest du am besten zuerst einen »Deckel« rund um den Stiel heraus. Durch dieses Loch kannst du nun mit einem Löffel die Kerne entfernen und dann das Fruchtfleisch herauskratzen. Dann musst du nur noch Augen, Nase und Mund in den ausgehöhlten Kürbis hineinschneiden, ein Teelicht hineinstellen, das du abends anzünden kannst, den Deckel wieder draufsetzen und fertig ist der Kürbiskopf! Das Fruchtfleisch solltest du auf jeden Fall aufheben, denn daraus kann man eine leckere Kürbissuppe kochen.

Kürbissuppe für acht hungrige Geister

✿ 750 g Kürbis ✿ 1 l Hühnerbrühe ✿ 1 Esslöffel Butter ✿ 1 Esslöffel Mehl ✿ 2 Esslöffel brauner Zucker ✿ Salz, Pfeffer ✿ gemahlener Ingwer ✿ 1 Teelöffel Zimt ✿ 150 g magerer Kochschinken ✿ 200 ml Sahne

Der Kürbis ist ein pflegeleichtes Gemüse, das man ohne viel Aufwand im Garten ziehen kann.

1. Kürbisfruchtfleisch ohne Kerne in große Würfel schneiden und 15 Minuten kochen. Masse durch ein Sieb gießen und in die heiße Hühnerbrühe geben. Butter mit Mehl verkneten, mit ein wenig Brühe anrühren, in die Suppe geben und einmal aufkochen lassen. Dann mit braunem Zucker, Salz, Pfeffer, Ingwer und Zimt abschmecken.
2. Den Schinken in Würfel schneiden und dazugeben. Kurz vor dem Servieren die Sahne unterrühren, nicht mehr kochen! Kochzeit etwa 25 Minuten.

Wackelpudding mit Würmern

✿ 2 Packungen Wackelpudding ✿ Fruchtgummi-Würmer oder alternativ Vampire oder Ähnliches ✿ rote Fruchtsauce

Wackelpudding nach Anleitung vorbereiten. Würmer in die steif werdende Masse einstreuen und aufschichten. Kalt werden lassen und stürzen. Mit der Fruchtsauce einen Saucenspiegel um den Pudding herum gießen. Fertig!

November und Dezember – das Gartenjahr geht zu Ende

Der Herbstwind hat die letzten hartnäckigen Blätter von den Bäumen gepustet und die kahlen Zweige und Äste frieren im eisigen Wind. Die wunderbare Vorweihnachtszeit beginnt. Tannenbäume halten Einzug in unserer Städte und werden an jeder Ecke verkauft.

Es wird kalt!

Die Temperaturen sinken nachts häufig bis unter den Gefrierpunkt und manchmal gibt es im November sogar schon den ersten Schnee. Mütze und Schal sind ab jetzt die ständige Begleiter. Die Tiere haben ihr Winterfell angelegt und die Natur hat alles auf Sparflamme zurückgedreht.

Wer einen Weihnachtsbaum im Topf kauft, muss ihn hinterher nicht wegwerfen, sondern kann ihn im Garten auspflanzen.

Die dunkle Zeit

Die Nächte sind jetzt sehr lang, und manchmal glaubt man am Abend sogar, dass es den ganzen Tag über nicht richtig hell geworden ist. In der Nacht vom 21. auf den 22. Dezember ist dann die längste Nacht des Jahres und die Sonne hat den niedrigsten Stand am Himmel. Die Wintersonnenwende kündigt den Anfang des Winters an und die Tage werden ab jetzt wieder länger.

Auch im Winter grün – der Tannenbaum

Tannen sind immergrüne Bäume, die bei uns häufig vorkommen. Es gibt über fünfzig Arten. Die Tanne gehört zur Familie der Kieferngewächse und hat nadelförmige, flache und biegsame Blätter. Einige Tannen bleiben mit »nur« 20 Meter Größe ziemlich klein, andere scheinen direkt bis in den Himmel hineinzuwachsen und können fast hundert Meter hoch werden. Der Tannenbaum ist auch ein wichtiger »Gast« beim Weihnachtsfest. Eigentlich im Wald, Garten oder Park beheimatet, wird er zu Weihnachten gerne in unsere Häuser geholt. Bunt geschmückt und mit vielen kleinen Lichtern verziert bringt er Licht und Waldduft in jedes Wohnzimmer.

Im Garten herrscht Ruhe

Nicht nur die Tiere, auch der Garten hält Winterschlaf. Er ruht sich aus, um uns im Frühjahr wieder mit blühenden Pflanzen zu erfreuen. Doch gibt es selbst in dieser kalten Jahreszeit noch etwas im Garten zu ernten: Der Grünkohl wartet auf seinen Auftritt am Tisch.

Wintergemüse braucht den Frost

Das leckere Wintergemüse mit den stark gekrausten Blättern ist reich an Vitamin C, Karotin und Mineralstoffen. Wer einen besonders leckeren Grünkohl möchte, sollte mit der Ernte warten, bis der erste Frost den Kohl weiß angemalt hat. So schmeckt er am besten. Die Pflanzen werden dann dicht über dem Boden abgeschnitten. Grünkohl kann den ganzen Winter über geerntet werden. In kälteren Gegenden sollte der Grünkohl aber bis Dezember abgeerntet sein.

Im Haus geht es den Pflanzen gut

Während der Garten so richtig gerupft und kahl aussieht, grünt und gedeiht die Pflanzenpracht auf der Fensterbank. Da gibt es Alpenveilchen, Orangenbäumchen und noch viele andere wunderschöne Pflanzen, die auch im Winter blühen!

Der Weihnachtsstern ist jetzt in fast jedem Haus zu Gast und verbreitet vorweihnachtliche Stimmung.

Weihnachtsstern, die Pflanze mit dem weihnachtlichen Namen

Zur Weihnachtszeit darf natürlich der Weihnachtsstern nicht fehlen. Mit seinen kräftigen roten oder den eleganten weißen Blüten gehört er fast ebenso zu Weihnachten wie der Tannenbaum. Der Weihnachtsstern mag es warm und braucht sehr viel Licht, die Fensterbank ist also der ideale Platz für ihn. Während er blüht, sollte er einmal in der Woche gedüngt werden. Die Erde darf immer nur leicht feucht sein, denn der Weihnachtsstern mag es gar nicht, im Wasser zu stehen.

TIPP

Oft werden die Weihnachtssterne nach Weihnachten einfach in die Mülltonne geworfen, aber man kann mehrere Jahre Freude an ihnen haben. Im Frühjahr einfach zurückschneiden und umtopfen. Im Sommer stellt man den Weihnachtsstern dann nach draußen. Die Pflanzen blühen pünktlich zur Weihnachtszeit wieder.

Die Tiere verschlafen den Winter

Viele Tiere befinden sich nun im Winterschlaf oder in der Winterruhe. Winterschläfer wie Haselmaus und Siebenschläfer und die Insektenfresser Igel, Spitzmaus und Fledermaus senken ihre Körpertemperatur stark ab, manche sogar bis auf null Grad. In der Winterzeit, wenn nicht genügend Nahrung vorhanden ist, schlafen sie, um Energie zu sparen.

Kleines Energiebündel: die Spitzmaus

Spitzmäuse sind zusammen mit den Fledermäusen die kleinsten aller Säugetiere. Sie sind wahre Energiebündel und immer unterwegs auf der Suche nach Nahrung, auch im Winter. Sie haben einen schlanken Leib und einen langen Kopf. Die kleine spitze Schnauze schnüffelt neugierig in der Gegend herum und die niedlichen Knopfaugen schauen recht vorwitzig.

Verräterische Spuren

Die Spitzmaus lebt in Wäldern, auf Wiesen, aber auch direkt im Gebüsch hinterm Haus oder besonders im Winter sogar im Haus! Vielleicht im Keller? Dort hinterlässt sie dann verräterische kleine Spuren in Form von schwarzen Kotkügelchen. Wenn die Spitzmaus keinen geeigneten Keller finden kann oder gar dort hinausgeworfen wurde, geht sie auch gerne in den Untergrund.

Info
Achtung: So putzig die Maus auch aussieht, sie hat außerordentlich scharfe Zähne und kann damit richtig fest zubeißen!

Ständig auf Nahrungssuche

Die winzigen Spitzmäuse gehören zu den gefräßigsten Räubern auf der Erde. Sie jagen Insekten, Larven, Würmer und kleine Wirbeltiere.

Die flinke kleine Spitzmaus kann man auch im Winter bei der Nahrungssuche beobachten.

Die Bewegungen der Spitzmaus sind außerordentlich schnell. Dabei quiekt und pfeift sie gerne. Bei Gefahr verbreiten alle Spitzmäuse einen gewöhnungsbedürftigen Moschusgeruch, der sie vor ihren Feinden schützen soll. Die Spitzmäuse werden so nur von wenigen Tieren gefressen, weil sie für ungenießbar gehalten werden. Spitzmäuse bringen mehrmals im Jahr bis zu zehn nackte und blinde Junge zur Welt.

Frühling im Haus

Schon jetzt kann man sich den Frühling ins Haus holen. Wenn im Garten noch alles in der Winterstarre liegt, bringt die Wärme unserer Häuser die Knospen von Obstbäumen und Sträuchern zum Aufspringen.

Es ist ein schöner Brauch, im Dezember Zweige im Haus zum Blühen zu bringen.

Blühende Zweige mitten im Winter

Am 4. Dezember gibt es den alten Brauch, frisch geschnittene, kahle Zweige von draußen in die Wohnung zu holen, damit sie bis Weihnachten blühen. Dafür müssen nur einige Zweige, zum Beispiel vom Kirschbaum, von der Forsythie, der Birke oder vom roten Hartriegel, in eine mit Wasser gefüllte Vase gestellt werden. Bei den molligen Zimmertemperaturen fangen sie nach einiger Zeit zu blühen an und treiben Blätter aus.

Zweige mit Strohsternen schmücken

Wenn es draußen so richtig ungemütlich ist und man lieber keinen Schritt vor die Tür setzen will, dann ist es auch genau die richtige Zeit, um zu basteln. Strohsterne für die Zweige sind schnell gemacht.

Für die Strohsterne wird benötigt
✿ Stroh ✿ Zwirn

1. Für die Strohsterne gebleichtes Stroh im Bastelgeschäft kaufen und los geht es! Die Halme der Länge nach aufschlitzen und dann etwa eine halbe Stunde in warmem Wasser einweichen. Anschließend die Halme auf Zeitungspapier legen und mit dem Bügeleisen flachbügeln. Die gebügelten Strohhalme danach mit der Schere der Länge nach durchschneiden. Dabei entstehen Streifen mit unterschiedlichen Breiten. Man sollte sich einen kleinen Vorrat von Streifen schneiden. Um den Stern gut zusammenbinden zu können, einen längeren Zwirnfaden bereitlegen.

2. Nun nimmt man zwei Strohstreifen und legt sie in der Hand kreuzförmig übereinander, zwei andere jeweils dazwischen. Den so entstandenen Stern in der Mitte mit Daumen und Zeigefinger zusammenhalten. Mit dem Zwirnfaden nun den Stern umwickeln. Zuerst den Faden über den obersten Streifen, der zuletzt aufgenommen wurde, legen. Dann den Faden jeweils über den nächsten Strohstreifen weben, bis die zwei Fadenenden wieder zusammenkommen. Den Faden dann stramm anziehen und gut verknoten! Aus den Enden eine Schlaufe zum Aufhängen knoten. Die Strahlen des Sterns noch ein wenig zurechtrücken, damit eine gleichmäßige Form entsteht. Und schon kann man damit die anfangs noch kahlen Blütenzweige hübsch dekorieren.

Winterhilfe für Vögel

Viele unserer heimischen Tiere brauchen in harten und kalten Wintern deine Hilfe, um zu überleben. Die Vögel haben weder Schal noch Schuhe und der Boden ist oft so hart gefroren oder mit Schnee bedeckt, dass sie nichts zu fressen finden. Mit ganz einfachen Mitteln kannst du viele Tierleben retten!

Meisenknödel und Futterglocken

Dazu brauchst du folgende Zutaten:
✿ 150 g Kokosfett pro Futterglocke ✿ 150 g Wildvogelfuttermischung pro Futterglocke ✿ etwas Kordel ✿ 1 Tontopf mit etwa 10 cm Durchmesser, der Tontopf sollte am Boden ein kleines Loch haben ✿ 1 Stock, der Stock sollte ungefähr zehn Zentimeter länger sein als der Topf

Die Vögel im Garten freuen sich, wenn du ihnen draußen eine selbst gemachte Futterglocke aufhängst!

So bastelst du Meisenknödel und Futterglocken

1. Zuerst das Fett vorsichtig in einem Topf erhitzen. Du darfst es aber nicht so heiß machen, dass es schmilzt. Wenn das Fett schön weich ist, kannst du die Körnermischung unterrühren. Wenn du noch einen Schuss Speiseöl dazugibst, bröckelt die Mischung nicht.
2. Die Kordel kannst du nun an den Stock binden. Mache einen dicken Knoten, damit dieser das Loch im Tontopf verschließt. Jetzt ziehst du die Kordel mit dem Stock von innen durch das Loch im Tontopf. Damit die Vögel die Futterstelle besser anfliegen können, muss der Stock etwa zehn Zentimeter aus dem Topf herausragen.
3. Nun kannst du die Fettkörnermischung in den Tontopf füllen und auskühlen lassen. Wenn alles gut abgekühlt ist, kannst du deine fertige Futterglocke draußen aufhängen.
4. Wenn du lieber einen Knödel für die frierende Vogelschar zubereiten willst, dann nimmst du die gleiche Fettkörnermasse und knetest das abgekühlte Gemisch zu einer Kugel. Am besten ist, wenn du die Kordel sofort mit einknetest. Daran hängst du dann den fertigen Meisenknödel auf.

Eine Futterstelle einrichten

Wenn es so richtig eiskalt ist, Stein und Bein friert und die Kälte kracht, sind Futterstellen für Vögel schwer zu finden. Mit einer selbst gebauten Winterfutterstelle kannst du den bibbernden Flugexperten prima zu einer Stärkung verhelfen.

Material

Du kannst deine Futterstelle gut aus Restholz bauen, das man sich zum Beispiel kostengünstig im Baumarkt besorgen kann. Zuerst musst du die Bodenplatte für die Futterstelle vorbereiten. Sie sollte ungefähr 30 mal 30 Zentimeter groß sein. Wenn die Bodenplatte ein wenig größer ist, macht das nichts, aber du solltest dir schon jetzt überlegen, wo du die fertige Futterstelle aufbauen möchtest.

Der passende Platz

Ideal ist eine erhöhte Stelle, vielleicht die Gartenhecke, eine breite Fensterbank, oder du baust einen speziellen Ständer für die Futterstelle gleich mit. Auf keinen Fall darfst du die fertige Futterstelle auf den Boden stellen, denn dann haben Katzen und andere Vogeljäger leichtes Spiel. Wichtig ist auch, dass deine Futterstelle gut befestigt ist, damit sie nicht mitsamt den hungrigen Vögeln herunterfällt!

So wird's gemacht!

Auf die Bodenplatte klebst du hochkant mit wasserfestem Holzleim vier gleichlange Holzleisten. Die Holzleisten bekommst du ebenfalls im Baumarkt. Vielleicht kannst du jemanden überreden, dir beim Bau der Futterstelle zu helfen, und ihr sucht die Materialien gemeinsam aus. Die Holzleisten sollten so etwa 20 Zentimeter lang sein. Auf die senkrecht stehenden und fest verleimten Holzleisten legst du nun das Dach und verleimst es ebenfalls. Das Dach sollte mindestens ebenso groß sein wie die Bodenplatte. Idealerweise ist es etwas größer, damit es übersteht und so Regen und Schnee vom Futter fernhält. Natürlich kannst du auch ein Schrägdach bauen, aber das ist etwas schwieriger und dafür musst du zwei der Leisten kürzer machen und abschrägen.
Die fertige Futterstelle befestigst du gut, dann kannst du sie mit Futter für die gefiederten Freunde befüllen.

Eine Futterstelle für Vögel zu bauen, ist gar nicht so schwer. Du wirst sehen, wie gern sich Meisen, Amseln und Co. darin aufhalten.

Vorsicht – giftige Pflanzen

Nicht alles, was in der Natur wächst, ist ungefährlich! Nicht alle Beeren und Früchte kannst du bedenkenlos essen! Einige von ihnen sind sehr giftig, und es gibt sie in Gärten, auf Wiesen oder im Wald. Hier kannst du etwas über einige der giftigen Pflanzen erfahren, aber natürlich nicht über alle. Wenn du dir bei einer Pflanze nicht sicher bist, ob sie ungiftig ist, dann frage lieber nach!

Eibe

Die Eibe ist ein immergrüner Nadelbaum, der bis zu 20 Meter groß werden kann.
Bei den Eiben gibt es Bäume mit weiblichen und männlichen Blüten. Die männlichen Blüten sind gelb und sehen aus wie kleine, puschelige Kügelchen. Die weiblichen Blüten haben die schwarzen Samenanlagen. Diese giftigen Samen reifen im Herbst in einem erst grünen und später dann roten Fruchtmantel. Die Nadeln sind ganz weich und ziemlich breit. Die Eibe wächst in Laubmischwäldern, aber du kannst sie auch in Parkanlagen und Gärten finden. Es gibt sie eigentlich in ganz Europa. Sie ist aber selten geworden, da sie wegen ihres Holzes häufig gefällt wurde.

Vorsicht, die roten Samen der Eibe darfst du nicht essen, sie sind sehr giftig!

Goldregen

Der Goldregen ist ein Strauch und kann eine Höhe von fünf bis sechs Metern erreichen. Seine gelben Blüten sehen aus wie viele kleine Schmetterlinge. Sie sind etwa zwei Zentimeter groß und hängen in wunderschönen langen Büscheln herab. Der Goldregen blüht im Mai und Juni.

Engelstrompete

Die Engelstrompete, auch Trompetenbaum genannt, heißt nicht umsonst so. Ihre Blüten sehen aus wie der Trichter einer Trompete. Die Blüten werden 20 Zentimeter lang und können weiß, gelb oder rosarot sein. Die Engelstrompete wächst

Goldregen (links) und Engelstrompete (rechts) enthalten Gift, auch wenn sie so schöne Namen haben.

Oleander (links) wirst du häufig als Kübelpflanze finden, Schlafmohn (rechts) wächst eher im Gartenbeet.

als kleiner Baum und erreicht eine Höhe von ungefähr zwei Metern. Sie wird häufig als Kübelpflanze in Gärten und Parkanlagen eingesetzt.

Oleander

Der Oleander wächst als Strauch oder manchmal auch als kleines Bäumchen. Seine rosafarbenen Blüten haben je fünf Blütenblätter. Du kannst sie von Juli bis September sehen. Die harten, ledrigen Blätter sehen aus wie kleine Lanzen. Der Oleander stammt eigentlich aus den Ländern am Mittelmeer. In Frankreich oder Italien sieht man ihn sehr häufig. Bei uns wird der Oleander als Gartenstrauch und Kübelpflanze gehalten.

Schlafmohn

Der Schlafmohn ist verwildert und wächst auf Brachland, auf Schuttplätzen und an Wegesrändern. Dort blüht er von Juni bis August. Seine violetten oder weißen Blüten sind vier bis sechs Zentimeter groß und haben an ihrem Grund einen kleinen schwarzen Fleck. Der Stängel des Schlafmohns ist mit borstigen Haaren bewachsen und schillert bläulich. Der Klatschmohn ist mit dem Schlafmohn verwandt, aber er ist lange nicht so giftig.

Maiglöckchen

Das Maiglöckchen hat weiße Blüten, die wie kleine Glöckchen aussehen. Zwischen 5 und 13 Glöckchen kannst du an einem Stängel zählen. Die Blüten wachsen alle in eine Richtung und duften sehr stark. Das Maiglöckchen blüht im Mai und Juni. Im Juli und August erscheinen dann die roten Beeren, in denen die Samen enthalten sind. Die Blätter entspringen direkt aus der Wurzel. Sie sind sehr leicht mit Bärlauchblättern zu verwechseln. Unterscheiden kann man sie aber mit einem Geruchstest! Die Bärlauchblätter riechen stark nach Knoblauch.

Die Blätter der Maiglöckchen (links) darfst du auf keinen Fall mit Bärlauch verwechseln und auch die Tollkirsche (rechts) ist nicht essbar!

Tollkirsche

Die Tollkirsche hat glockige, braunviolette und innen gelbgrün gefärbte Blüten. Die Blüten werden drei Zentimeter groß und wachsen einzeln zwischen den Blättern. Die Tollkirsche blüht von Juni bis August und bekommt dann schwarze und glänzende Beeren. Im Gegensatz zur Esskirsche hat die Tollkirsche keinen Stein und sitzt an einem kurzen und dicken Stiel.

Bildnachweis:

Alle Bilder von Peter Himmelhuber, außer:
Getty Images: S. 3 u., S. 4/5, S. 37, S. 42/43, S. 44, S. 46 m. r., S. 46 r., S. 47 o. l.
Stephan Hollich: S. 11, S. 19, S. 29, S. 39, S. 49, S. 58, S. 59
Ingram: S. 47 u.
Juniors: S. 10 r., S. 18, S. 28, S. 31 m. r., S. 31 u., S. 38 r., S. 48, S. 56
Pixtal: S. 15, S. 22/23, S. 25 o., S. 35 l., S. 45 m.
SITHO: S. 7 l., S. 7 r., S. 12 l., S. 13 o. r., S. 24, S. 31 o., S. 35 r., S. 46 m. l., S. 60 r., S. 61 o. l.
Twinbooks: S. 3 o. l., S. 3 o. r.
Coverabbildungen: Corbis, Getty Images, SITHO

Adressen und Literatur

Gartenzubehör und Gartenwerkzeug für Kinder

Polar Gartengeräte

Bau- und Gartengeräte Handelsgesellschaft mbH
Hagstedt 104
49429 Visbek
Tel. 04447 / 969410
Internet: www.polar-garten.de
E-Mail: polar-garten@t-online.de

edinger Fachmarkt GmbH

Mühlenweg 31
97638 Mellrichstadt
Tel. 09776 / 708020
Internet: www.kids.edingershops.de

Internetadressen

www.al-ko.de/garten-hobby/gartenforum/kinder
(Beschäftigungstipps und Bastelanleitungen für Kinder im Garten)

www.kinder-tierlexikon.de
(Online-Tierlexikon für Kinder)

Literatur

Heide Bergmann, Jutta Schneider: Gartenspaß für Kinder
Gräfe & Unzer (Februar 2005)

Jane Bull: Gärtnern für Kids. 50 pfiffige Ideen für drinnen und draußen.
Dorling Kindersley Verlag (März 2003)

Heiderose Fischer-Nagel u. a.: Tiere im Garten
Findling (Oktober 2005)

Leonore Geißelbrecht-Taferner: Die Garten-Detektive
Ökotopia (Januar 2005)

Sven Nordqvist, Bettina Grabis: Pettersson und Findus. Das große Gartenbuch. Mit vielen tollen Rätseln.
Xenos (März 2004)

Bärbel Oftring: Gartentiere. Natur-Entdecker Wissen und Quiz-Spass mit Lösungsspiegel
Kosmos (Franckh-Kosmos) (März 2005)

Impressum

FINDLING
Buchverlag Lüneburg

www.findling-buchverlag.com

ISBN-13: 978-3-86639-007-2
ISBN-10: 3-86639-007-6

1. Auflage 2006

Konzept und Produktion: twinbooks, München
Text und Redaktion: Kerstin Landwehr, Melanie Goldmann, Julia Gschwilm, Thomas Martin, Alexandra Schamel
Gestaltung: H3A GmbH, München
Druck: Westermann, Zwickau